Ⓢ新潮新書

太田昌克　兼原信克
OTA Masakatsu　*KANEHARA Nobukatsu*
髙見澤將林　番匠幸一郎
TAKAMIZAWA Nobushige　*BANSHO Koichiro*

核兵器について、本音で話そう

945

新潮社

はじめに

戦後75年が経ち、日本の戦略環境は激変した。今、日本は、世界で最も危険な核の谷間にある。

ロシアは米国と核の均衡を保ちつつ、小型核の先制使用を公言している。中国は、米露がＩＮＦ（中距離核戦力）全廃条約（以下、ＩＮＦ条約）によって手を縛られている間に、中距離核ミサイルの開発・配備を猛烈に進めた。さらに、世界最貧国で政情の不安定な北朝鮮も、日本全土を射程に入れる核ミサイルを手にしている。

核兵器とその運搬手段の進化は猛スピードで続いている。核兵器システムは、21世紀の戦場である宇宙・サイバー空間に大きく依存する。しかし、宇宙アセットは脆弱であり、有事にはブラックアウトする危険性が高い。サイバー戦争が起これば、核兵器を運用する指揮通信システムが狙い撃ちにされるだろう。廉価なサイバー兵士による攻撃が、強大な戦略空軍による爆撃と同じか、それ以上の効果を発揮するかもしれない。航空機が核爆弾を投下した広島・長崎の時代は遠くに去ったのだ。

残念ながら、日本の核論議は戦後、一切の深まりを見せなかった。冷戦初期には曲がりなりにも真剣に研究された核戦略も、今は廃れて埃をかぶっている。同じ敗戦国のドイツは、NATO（北大西洋条約機構）の一員として米国の核戦略に最初から絡み、自らが発言権を持つNATOによる核兵器の配備・運用を実現したにもかかわらず。

日本は幸運にも、東西ドイツのような国家分断を免れた。しかし、「55年体制（1955年に成立した日本社会党と自由民主党の対立構図）」が立ち上がったことで、冷戦構造は東西ドイツのような国家間対立ではなく日本国内の政治勢力の対立構造として存続し続けることになった。米国につけば日米同盟護持、米国の核の傘への依存という議論になり、ソ連につけば米軍撤退、米国の核の傘の脆弱化（核兵器持ち込み禁止等）を求める議論になる。核抑止の議論は入り口で止まり、その後の3四半世紀の間、まったく深まることはなかった。

日本は世界で唯一の被爆国である。広島・長崎の悲劇は、世界に核兵器の廃絶を求める強いメッセージとなって伝わり続けた。核廃絶の理想は正しい。しかし、理想を実現するのに必要なのは、具体的な手立てである。

戦後、核兵器を巡る議論は欧州を中心に展開した。英仏の核武装、ドイツを始めとしたアメリカの同盟国の安全保障、アジアでの米国の同盟網創設、NPT（核兵器不拡散条約）体制の発足など、戦後の主要な外交、安全保障問題にはほとんど核問題が絡んでいた。

日本は、半世紀近く続いた冷戦の期間中、陸上国境で強大なソ連軍と接していた欧州ほどの軍事的緊張感をついぞ抱かなかった。また対中国交正常化、ベトナム戦争終結以降は戦略環境が改善し、国内の強い反核感情もあって、核抑止の議論はなおざりにされてきた。広島・長崎の悲劇を繰り返させないという理想と、米国の核の傘なしには日本の安全保障が成り立たないという現実は、交わることなく放置されてきた。

日本の21世紀は、中国の台頭と台湾有事の危険、北朝鮮の核武装という暗雲たれ込める中で幕を開けた。「核兵器の存在は是か否か」という神学論争をいつまでも続けていられるような戦略環境に日本はない。冷戦初期のドイツのように、日本は核問題を自分自身の安全保障の問題として真剣に考える時期に来ている。

この座談会は、高見澤將林《のぶしげ》・元軍縮会議日本政府代表部大使、番匠幸一郎・元陸上自

衛隊西部方面総監、太田昌克・共同通信編集委員と私で、21世紀の日本が直面している核問題の全貌について、率直に議論を戦わせた記録である。それぞれの立場も考え方も違うが、これまでタブー扱いされてきた核問題について、国民の目に見える形で現実的な議論を戦わせることの必要性では一致を見た。核問題に一筋の光を当てることができれば、私たち参加者にとって望外の幸せである。

座談会は、2021年9月10日に東京・神楽坂の新潮社で行われた。本書の刊行にあたっては、新潮新書編集部の横手大輔氏に大変お世話になった。横手氏の温かい励ましと御助力が無ければ、本書が上梓されることはなかった。著者を代表して、心から謝意を申し上げたい。

2022年2月

兼原信克

核兵器について、本音で話そう――目次

第1章　核をめぐる現状

兼原　皆さん、お集まりいただきありがとうございます。今日の座談会の目的は、核兵器や核抑止について、座学や抽象論を排し、我々を取り巻く具体的な現実に即して話し合うことです。

この問題に関する日本の議論は従来、どうしても「核廃絶にイエスかノーか」という入り口のところで止まりがちでした。唯一の被爆国である我が国にとって、それが無理からぬところもあったとは思いますが、欧米の核論議と対照的に、現実的な核抑止に関する議論が全く欠落するという弊害も生んでしまいました。日本を代表する専門家である皆さんにお集まりいただいた今日の座談会は、その空白を埋めてみようというささやかな試みです。

私事になりますが、ついこの間、チャック・ヘーゲル元米国防長官、マルコム・リフキンド元英国防相等がまとめ役となった核問題に関する専門家チームに参加して、シカゴ・グローバル・アフェアーズ評議会から出された「核拡散防止と核の保証」報告書作成に参加させてもらいました（兼原信克著『現実主義者のための安全保障のリアル』に抄訳所収）。核抑止の議論は、東西冷戦期のヨーロッパを舞台に進められてきたということもあり、従来は圧倒的に「ヨーロッパの話」でした。ヘーゲルさんのチームでアメリカやヨーロッパの人たちの議論を聞いていて改めて感じたのは、彼らが核抑止と核不拡散をコインの裏表として捉えていたことです。ソ連軍という通常兵器で圧倒的有利に立つ巨大な軍事力を前にして、具体的なシナリオに即して「どうやって核を用いて紛争を抑止するか」という議論を続けてきた。その議論と核不拡散の議論は、車の両輪だったのです。

これまでの日本では、核抑止の議論と核不拡散・核軍縮の二つは完全に「別世界の話」でしたよね。一方には「唯一の被爆国の悲願」として展開される核不拡散論、核廃絶論がある。他方には、「アメリカの核の傘に入っている日本の実態を考えれば核廃絶なんてあり得ない。問題はむしろ、アメリカにどう核の傘を保障してもらうかだ」と考える安保・外交専門家の世界があって、この二つは全く交わっていない。ヘーゲルさんのチームに参加し、アジアでも現実的な核の議論をしなくちゃいけないと考えるようになったことも、今回、皆さんにお声がけさせて頂いた理由の一つです。

私の3年先輩で、安全保障の世界でいつもその背中を追いかけてきた髙見澤將林大使は、元防衛省防衛政策局長で、私と同じく第二次安倍政権の発足後に官邸に移られました。官邸では、事態対処・危機管理担当の内閣官房副長官補、内閣サイバーセキュリティセンター長を務められ、２０１４年からは新設の国家安全保障局次長も兼務されました。同じ時期に国家安全保障局次長を務めた私にとって、髙見澤さんは課長時代以来ずっと苦楽を共にしてきた戦友でもあります。16年に官邸を離れられた後は外務省に移り、軍縮会議日本政府代表部大使としてジュネーブに3年間駐在されました。

番匠幸一郎さんは私より1期上の元陸上自衛官で、退任前のポストは西部方面総監でした。先見の明のある陸上自衛隊はこの10年、南西方面、特に先島諸島への部隊展開を重視するようになっていますが、こうした南西重視戦略への大転換をされた責任者のお一人が番匠さんでした。陸自の西部方面隊は、実際に台湾や尖閣で有事が発生した際には南西正面の最前線で戦うことになりますから、その責任者であった番匠さんは、核の問題もかなりリアルに考え続けていらしたものと思います。

太田昌克さんは、日本のジャーナリストの中で最も核問題に精通しておられる方だと思います。共同通信でのキャリアのスタートは原爆投下のあった広島支局で、その後、ワシントン支局での勤務もご経験され、現在は編集委員をされていますが、その間一貫して核の問題を追い続けてこられました。核問題に関する著書も複数あり、博士号も取得されている核問題のスペシャリストです。「人類が到達すべき目標としての核廃絶」を信念とされ、同時に核問題の複雑さも深く理解されておられます。

今日はこの4人で日本における核問題の大きな見取り図を作れればいいなと思っています。どうぞよろしくお願いします。

これまでの常識が通用しない

兼原　初めに、核をめぐる世界の現状を確認しておきます。

核兵器が出てきてから75年以上が経ちました。出てきた当初は、「これはでかい爆弾として使えばいい。やられたら大量報復だ」というような乱暴な議論がけっこうありました。ただ、広島・長崎で実際に使用された結果が人道的に許容しがたい惨禍をもたらし、また放射能汚染やその後遺症に関する知識が広まるにつれ、核兵器は基本的に「使えない兵器」「使いにくい兵器」だという認識が東西の両陣営で進んでいったと思います。

しかも、米ソ双方が地球を何度でも破壊できるような量の核兵器を持つに至り、かつ、戦略原潜や空中発射の核ミサイルが発達し、第2撃（やられた場合にやり返す）能力が確立すると、ＭＡＤ（Mutual Assured Destruction：相互確証破壊）という、「先に撃っても、その後で絶対にやられるから核戦争はできない」という仕組みが確立していきます。大量報復戦略は柔軟反応戦略にとって代わられ、大都市空爆のようなカウンターバリューの攻撃目標も、ピンポイントの敵基地攻撃のようなカウンターフォースの考え方にとって代わられました。不測の事態を回避するために、米ソ（露）間で最低限の透明性と相互信頼を確保する核軍備管理軍縮が進み始めました。だいたい人類の常識に沿ったところに核の議論が落ち着いていった。１９７０年には、核兵器国である国連安保理常任理事国（Ｐ５）以外の国に核の保有を禁じるＮＰＴ（核兵器不拡散条約）が発効しました（ただし、仏・中の加盟は92年）。その後、米ソ間では87年にＩＮＦ（中距離核戦力）条約、91年には第一次戦略兵器削減条約（ＳＴＡＲＴ Ｉ）が成立しました。結果として、核の均衡の下で冷戦期には第三次世界大戦は起きなかった。

ところが今、世界のパワーバランスが大きく変わりつつある。中国の台頭がすさまじく、世界の戦略的重心が北東アジアに移って来ている。これまでのようにヨーロッパ中心の核抑止論議を座学で勉強している場合ではありません。冷戦期にヨーロッパでやっていたような、具体的な紛争を想定したシナリオベースの核抑止論を、北東アジアでもやっていく必要があります。それは日米だけでは不十分です。日本だけが侵略される事態は恐らくない。台湾有事、朝鮮有事のような地域全体を巻き込む動乱に備える必要があります。オーストラリア、韓国、台湾、最終的には太平洋に領土を持つ英仏も含めて、首脳レベルの核論議をやる必要があると思います。

そこで一つ考慮しなくてはならないのは、核兵器自体の急速な進化です。特に、運搬手段が急速に発達してきた。いま注目されているのが、マッハ5以上という猛スピードで飛んでくる極超音速ミサイルです。ロシアはすでに「アバンガルド」と名付けられた極超音速ミサイルの発射実験に成功しています。中国やアメリカも、同様の技術を開発している。北朝鮮すら実験している、と言っています。従来の核兵器搭載弾道ミサイルは、高く打ち上げられた後に、その高度を利用して射程と落下スピードを稼ぐ仕組みでしたが、この極超音速ミサイルは比較的低い高度を滑るように進んできます。従来の弾道ミサイル迎撃専門のミサイル防衛の仕組みでは、まったく歯がたちません。

また、ロシアは核の小型化を進めており、戦術核も「先制使用する」と公言していま す。国土が世界一広いロシアは、戦術核の先制使用を公言しないと全土は守れないと考えているのでしょう。戦い方の面でも、陸海空だけでなく宇宙、サイバーも使う新しい戦争が登場しています。ハイブリッド戦争（平時と有事の境が曖昧な戦争）の登場で、柔軟反応戦略に基づく抑止が本当に機能するかどうかわからなくなってきている。発電所などの重要インフラへのサイバー攻撃で、こちらの方が「始まる前に死んでいる」という事態も、あながちサイエンス・フィクションではなくなりつつあります。

核兵器国の人たちは、本当に核軍縮をする気があるのか。恐らくアメリカとロシアはあるでしょう。なぜなら、「もう十分すぎるほど持っているから」です。でも、いま国力を爆上げしている中国が現在の核兵器保有の水準で止まるとはとても思えない。中国はＩＮＦ条約に入っていなかったので、私たちをターゲットにした中距離核ミサイルもいっぱい持っている。中距離ミサイルがまったく配備されていない日本、およびアメリカとの間には、著しい非対称が存在する。この状態でどう核抑止を実効性あるものにするのか。そもそも、日本政府にその議論を始めることができるのか。

核弾頭の保有・配備状況

種別		米国		ロシア		中国	
		保有	配備	保有	配備	保有	配備
戦略核		3,570	1,630	2,440	1,570	320	240
	爆撃機発射	848	300	580	200	20	20
	ICBM	800	400	1,136	810	152	96
	ICBM以外					76	76
	潜水艦発射	1,920	930	720	560	72	48
戦術核		230	150	1,875			
	空軍	230	150	495			
	陸軍			90			
	海軍			905			
	ABM等			382			
合計		3,800	1,750	4,315	1,570	320	240

出典：岩池正幸著『データで知る現代の軍事情勢』（原書房）

注：米露の数値は、合計と符合しないものがある。また、米露の戦略核弾頭数は、新START条約の上限である1550発を超えているが、これは同条約と元データでは算入方式が異なるため。

また、インド、パキスタン、イスラエル、北朝鮮というP5以外の国が、NPT体制を離れて核兵器を持っているという厳然たる事実もあります。現在、核の拡散を抑止できているのかと言えば、逆です。イランも核を持とうとしていますし、実際にはなかなか止められない。核管理の点から言えば、サイバー空間や宇宙空間への依存が格段に進みましたから、「核兵器システムの脆弱化が進んでいる」という見方もできます。例えば衛星を乗っ取られるとか、衛星をジャミング（電波妨害）されたりすれば、核兵器が使えなくなるかも知れない。核兵器自体の進化とは裏腹に、実は核兵器を支えている体系は脆弱になってきている可能性がある。

　こうした諸々の変化がある中で、日本が核抑止力を強化しようと思ったら、どうすればいいのか。日本には、独自の国産核兵器というオプションは政治・外交的にあり得ないので、日米同盟の核の抑止をどう強化するのか、という話になる。具体的な話で言えば、ＩＮＦ条約廃棄後、デュアルユース（核／非核両用）の地上発射型中距離ミサイルの日本持ち込みという議論がもう出ていますけれども、我々は何をしていけばいいのか。今日はこういう話を全般的にやってみようと思います。

　まず、髙見澤さんからお願いします。

変化した五つのポイント

髙見澤　兼原さんの問題提起は私も全くその通りだと思います。最初に、従来と変化したポイントとして、私が重視する点を五つ挙げておきます。
　一番大きいのは、世界が非常に多極化して従来の米露間を中心にしてきた議論が通用しなくなっていることです。米露間には歴史的経験もあれば検証システムもある。逆に言えば、「相手がどの程度信用できないか」ということに対するある種の感覚ができているとも言えます。交渉の場でも、表向きは歌舞伎で対立を演出していながら、裏ではお互いの感覚を理解しあっている、ということがありえた。多極化した世界では、そうした「暗黙の了解」が通用しません。

高見澤將林（たかみざわ・のぶしげ）
1955年生まれ。長野県出身。東京大学公共政策大学院客員教授、元防衛官僚。78年に東京大学法学部を卒業後、防衛庁（現・防衛省）に入庁。防衛局運用課長、防衛局防衛政策課長、運用企画局長、防衛政策局長などを歴任。防衛研究所長の後、2013年に内閣官房副長官補。2014年から新設の国家安全保障局次長、2015年から内閣サイバーセキュリティセンター長を兼務。2016年に退官後、ジュネーブ軍縮会議日本政府代表部大使に就任。

次に、ネットの影響の大幅な拡大です。これが核抑止の構造に影響を与え、不確実性を高めている。今までは「エスカレーションラダー」（事態がエスカレートしていった際に、「こういう対応になるだろう」と想定される段階）というものが双方に共有されていて、「相手がそういう態度をとったら、こっちはこういう態度をとるよ」ということをお互いがよく分かっていた。しかし、現在は非常に性格の違った事態が同時多発しているということに加え、それがネットによってさらに加速するので、不測の事態が発生しやすくなっている。

３点目は、核兵器と通常兵器のつながりがよりグレーになってきたことです。兵器システムの有効性や相互関係がグレーになっているのに加え、紛争の形態もグレーになっている。通常兵器と核兵器の関係、戦争とそれ以外の事態の関係、それらが非常に複雑になってきている。その上サイバー空間における妨害行為やグローバルサプライチェーンの問題に代表されるような、核兵器を支えているシステムのインテグリティ（信頼性）の問題もある。兵器そのものだけでなく、それを運用する体制までもある程度疑わなければならないようなところがあります。

４点目は、やはり中国の力の増大です。中国共産党の指導の下で通常兵力の急激な拡大と核戦力の増強・近代化を進め、独裁的な指導者である習近平がそれを加速させている。このようなある種の独特な世界を持った相手にどう対応するか。

5番目の要素として、確かに戦後核戦争は抑止されてきたわけですが、「ゴリ押しをして成果が上がった事例」というのが積み重なってきていることです。これが抑止にも影響を与えているのではないか。ロシアのジョージアやウクライナへの対応を見ても、「ゴリ押しをしたほうが勝つ」という事例が積み上げられているので、政治家がタブーブレーキング的なことをやっても成功するだろうと考える可能性が出てきています。

このような大きな変化に対して日本の安全保障をどう考えるか。核抑止というのは伝統的に非常に重要な柱だけれども、それを延長させるだけでは足りなくなってきている。今の環境を客観的に評価して、他の国の力も借りながら、しかし日本としてはどういう構想でいくのか、戦略や戦力構成をどうするのかというところを自分自身の頭で考えなければならないと思います。

自衛隊にいても、核問題は遠かった

番匠　兼原さんと髙見澤さんの問題意識には、全く同感します。私は自衛官として勤務してきましたので、国防の現場にあった者として、この核の問題をどう捉えていたのかということを最初にお話ししたいと思います。
結論的に申し上げると、非常に距離が遠かった、という感じがします。自衛隊は、アメリカの核の傘の下で非核の軍事力として国防に専念するということでしたから、あま

番匠幸一郎（ばんしょう・こういちろう）
1958年生まれ。鹿児島県出身。拓殖大学客員教授、元陸上自衛官、陸将。80年に防衛大学校（国際関係論専攻）を卒業後、陸上自衛隊に入隊。2004年、第１次イラク復興支援群長として自衛隊派遣部隊初代指揮官。陸上自衛隊幹部候補生学校長、陸上幕僚監部防衛部長、東日本大震災に際しては「トモダチ作戦」の日米共同調整所長。第３師団長、陸上幕僚副長を経て、2013年に西部方面総監。2015年に退官。2018年まで国家安全保障局顧問。

り核戦略そのものには向き合ってこなかった。ただ、通常兵器の運用に徹していた自衛隊でも、よく考えてみると核戦略の影響は大きく受けていた、ということを改めて感じています。

私が自衛隊に入ったのは１９８０年です。当時は冷戦の真っ盛りでしたけれども、私たちは「北海道のどこそこに行って陣地を作るんだ」というところまで細かく詰めていました。なぜそれをやっていたかというと、米ソがＳＬＢＭ（潜水艦発射弾道ミサイル）で対峙する構造の中、オホーツク海や北太平洋における核戦略上、北海道が非常に重要だったからです。

私の自衛官としての最後の仕事は南西地域でした。自衛隊はいま、宮古島、石垣島、与那国島などへ部隊の配備を進めていますが、これもつまるところ、核戦力を含めた中国の戦略に対応するためです。中国の戦略的防衛ラインである第一列島線は、北海道、本州、九州、そして沖縄本島から先島諸島と連なる日本列島から台湾、バシー海峡を通ってフィリピン、ボルネオへと延びています。我々自衛隊の大きな課題は、中国の「Ａ２／ＡＤ（接近阻止／領域拒否）」戦略をどう食い止めていくかですが、これも核戦略と大きく関係がありました。

通常戦力の自衛隊ですが、冷戦期から現在まで、その能力と態勢をもって米国の核抑止戦略に直接・間接に寄与して来たのではないかと思います。特にオホーツク海、東シナ海、南シナ海の聖域化を含め、海域での行動の自由を獲得するためには陸地の確保が不可欠であり、相手に自由に核兵器を使用させないためには国土を確実に守ることが重要で、これを自衛隊の重要な役割だと考えておりました。

加えて言えば、北朝鮮のミサイルに対して我が国のミサイル防衛をどうするかという話もそうでしたし、私は自衛隊派遣部隊の初代指揮官として2004年にイラクに赴きましたが、この背景となったイラク戦争も当時大量破壊兵器の疑惑があり、これらも核兵器と関係した話です。さらに、自衛隊は2011年3月11日の東日本大震災の災害派遣にも関与しましたが、これには福島第一原発の放射能事故への対応も含まれていましたから、これも核と関係がある。ということで、考えてみれば私自身、核の問題とは非常に深い関係を持って勤務してきたのだなと感じています。

いま世界情勢を考えたとき、日本は核戦略上の最も重要な焦点に登場して来ていると言えます。冷戦期というのはやはりヨーロッパ正面が主戦場でしたから、我々が守っていたアジア太平洋正面というのは第二戦線だった。冷戦が終わった後も、中東での戦闘やテロとの戦いが長く続きましたから、アジア太平洋は引き続き第二戦線だったし、ロシアの崩壊等によって核の比重は下がってきていた。ところが、この間に中国、北朝鮮がどんどん核の力を増やして、気がついてみたら東アジアは世界中で最も核戦略上重要な場所になっていた。しかも、状況は冷戦期よりも遥かに複雑です。ですから、核の問題について日本は、冷戦期のヨーロッパ、NATOの人たち以上の真剣さで考えるべき時期に来ていると思っています。

攻撃と防御の境が曖昧に

太田　今日はお招き頂きありがとうございます。高名な方々の前で愚見を申し上げることになりますが、よろしくお願いします。

核の問題は、冷戦時代には二次、三次方程式くらいだったと思います。すなわち、「ディフェンシブウェポンズ（防衛兵器）」と「オフェンシブウェポンズ（攻撃兵器）」をどう組み合わせて「ストラテジックスタビリティ（戦略的安定性）」を築くか。「アームズコントロール（軍備管理）」をやりながら、「リスクリダクション（リスク削減）」を図り、互いの力のバランスを何とか均衡させる。なおかつ、首脳を含めた政治的なメッセージの発信、スパイ諜報活動などさまざま意思疎通の手段を介して、かろうじてバランスを保とうとしてきた。冷戦はそういう歴史だったと思うんですね。

それと比べますと、現在は高次方程式どころか、〝連立高次方程式〟のような状況になっている。いま皆さんが仰《おっしゃ》られたように、核のリスクが潜在的に最も高いエリアは間違いなくこの東アジアです。

２０１９年のＩＮＦ条約の失効を巡っては、事前にロシアの違反行為があったことは確かな一方、アメリカのトランプ政権がさも独断でやったかのように報道されています。しかし、その底流にある事象はクリントン政権の末期から既に起こっていたと考えていいと思います。すなわち「ロシアは既にもう敵ではなくなった」との考え方に立脚した、戦略的安定性に対する認識の変容と、それに派生する構造の変化です。

エリツィン、プーチンを頂いた１９９０年代後半から２０００年代にかけての時代、ロシアは十分な抑止力を誇示する国力すらなかった。一方、イランや北朝鮮など、いわゆる「ならず者国家」のミサイル開発を受けて90年代後半、後に国防長官となるドナルド・ラムズフェルドらが中心となって、こうした新たな脅威を念頭に「米国本土を守るミサイル防衛が必要だ」との議論が活発化していった。そうすると、1972年にソ連との間で締結されたABM制限条約（弾道弾迎撃ミサイル制限条約）がいずれ障害になってしまう。しかも2001年には「9・11」の米中枢同時テロがあり、対テロ戦が遂行される流れの中で、「WMD（大量破壊兵器）とテロの結合」こそが冷戦後最大の脅威であり、その背後にいる「ならず者国家」が敵《エネミー》ナンバー1であるという認識がアメリカを中心と

太田昌克（おおた・まさかつ）
1968年富山県生まれ。共同通信編集委員兼論説委員。早稲田大学客員教授、長崎大学客員教授。早稲田大学政治経済学部を卒業後、92年に共同通信社入社。広島支局、外信部、政治部などを経て、2003～07年ワシントン特派員。2006年度ボーン・上田記念国際記者賞を受賞。日米欧の核政策研究で博士号を取得（政策研究大学院大学）。『核の大分岐』など、核問題についての著書多数。

した西側社会で急速に広まりました。

そうした文脈で、「ならず者国家」から米国本土並びに同盟国を守るためにはミサイル防衛が必要だということになり、当時のブッシュ・ジュニア政権はABM制限条約からの一方的脱退を決め、2002年にこの条約が無効化しました。当時、私は外務省を担当しており、北米局日米安全保障条約課長だった兼原さんにも取材でお世話になりましたが、この時、日本はアメリカからABM制限条約脱退に関する事前協議や相談をほとんど受けていなかった。米国が脱退するという事実がどういう戦略的な意味合いを持っているのか、中国がこの動きを見ていかに考えるのか、東アジアの安保環境にいかなる影響を与えうるのか、日米間でそうした観点から話し合いがなされた形跡が全く見えなかった。

攻撃的兵器の開発合戦

太田　アメリカがこれからミサイル防衛をアジアに構築していく状況下で、中国は自分たちの報復攻撃力である「第2撃能力」が相殺される危険性を相当程度感じたのではないか。私はそう見ています。後に駐中国大使を務められる宮本雄二さんが2001〜02年の当時、外務省で軍備管理政策を所掌する軍備管理・科学審議官を務めておられましたが、そうした中国側が抱くであろう懸念を念頭に、ジョン・ボルトン米国務次官らに対し、ABM制限条約脱退が孕む戦略的含意を問いただしていたそうです。

ABM条約脱退とミサイル防衛網構築が中国の戦略的な計算にどのような影響を与えるのか、また中国がどう長期的に反応していくのか、そうした含意をブッシュ政権内でもっと真剣に議論してほしい――。宮本さんにはこの件で19年にインタビューしたのですが、こんな問題意識を持って米政府に申し入れをしていたと仰ってました。

この宮本さんの指摘は極めて重要です。なぜなら、アジア全体の安全保障環境に与える戦略的含意を熟考しないまま、ただ「ミサイル防衛は北朝鮮のような『ならず者国家』に対して必要だ」との論理でミサイル防衛を進めることには、別のリスクが潜んでいるからです。当時は04年のブッシュ大統領の再選戦略も絡んでいて、冷戦後の防衛産業を潤すという内政的要請もあり、共和党はミサイル防衛に前のめりになっていたのですが、これに対する中国やロシアの反作用を考慮の範疇に入れないことは、本来必要な政策的思慮を欠く政策決定と言わざるを得ません。中露は自分たちの対米第2撃能力を堅持しようと、アメリカ主導のミサイル防衛網を突破する動きに出る。そうなると新たな核ミサイル競争を招来するリスクが俄然高まり、自ずとアジアにおける安全保障上のリスクも増大せざるを得ないのです。

日本としては、憲法９条の軛がありますが、攻撃ならともかく防衛だったらいいのではないかという論理で、小泉政権以降ミサイル防衛への対米協力が進み、日米共同開発の流れが固定化されていった。しかしこの間、その政策判断ゆえに将来起こり得るコンシクエンス（結果）に対し、日本政府内でどのような政策的思慮がめぐらされていたのか。私はあえて批判的に申し上げますが、日本政府の政策担当者、また我々のような在野の研究者やジャーナリストも含め、そうした政策論的な視座や熟慮が欠けていたのではないか、そう思わざるを得ないのです。

その結果、今何が起きているのか。アメリカのＡＢＭ制限条約からの脱退と条約そのものの失効、それに続くミサイル防衛の構築と拡充、そしてこの新たな防衛網を突破しようと中露はあらゆる手段で攻撃兵器の刷新と増強を図り始めた。これが２０００年代後半以降の大きな潮流と考えていいと思います。さらに、この脈絡で、ＡＩやドローン、電磁波、サイバーといった新興技術の兵器への本格活用が静かに進行している。ロシアについては、六つの新たな戦略兵器計画が明示された2018年3月のプーチン大統領の年次教書演説が一つのエポックかと思いますが、あらゆる手段を使ってアメリカの防衛システムを突き破るということに本格的に挑戦するようになった。中国も類似の行動を取っている。攻撃兵器と防衛兵器のバランスが瓦解へと向かう決定的な萌芽となったのが、ABM制限条約の失効ではなかったか。その後、時代が進み状況はさらに混沌化し、相互抑止の安定化に資する軍備管理の対話すら比較的最近まで米露間で全く進展がなかった。さらに中国はそこに参画するそぶりすら示さないという状況が続いてきました。

こうした中、日本はどう振る舞うべきなのか、日本の大きな戦略観が問われているとも言えます。

日本は佐藤栄作首相が、中国が初の核実験を行った翌年の1965年の日米首脳会談でリンドン・ジョンソン大統領に「核の傘」の保証を求め、その確約を得て以来、三木武夫や安倍晋三、菅義偉の歴代首相らが同様のコミットメントを米政権首脳との間で確認してきた。佐藤政権時代は傘の中に入っているのか否か、またその是非を巡って国会で白熱した論戦が繰り広げられたこともありましたが、日本の歴代政権は紛れもなくアメリカの拡大核抑止（核の傘）に依存した国策を採り続けてきた。
一方でここまで概説申し上げたように、現下の情勢は攻撃兵器と防衛兵器の絶妙な均衡が崩れ、そこに新興技術が台頭して核兵器国の戦略システムともインターフェースすることにより、かつての米ソ冷戦時代の「恐怖の均衡」とは異次元の、抑止にまつわる戦略環境が生まれている。また核拡散や核テロといった現代的な核リスクも確実に増大し、安定した戦略環境づくりが「連立高次方程式化」している。そんな未曾有《みぞう》の、複雑化する核リスクの時代を我々は生きており、一体どうやって「狂気の兵器」「悪魔の兵器」としか言いようのない核兵器をコントロールし、削減し、将来的に廃絶していくことができるのか。広島・長崎への原爆攻撃から76年が経過した今、人類全体は核を巡る大きな分岐点に立っていると言えます。

日本がアメリカの核政策にコミットした唯一の事例

兼原　「核が遠かった」という番匠さんの発言、外務省にいた私も全くその通りだと思います。核抑止の本当の議論というのは国会では全然なくて、核を持ち込んだか持ち込んでいなかったかとか、そういうことばっかりやっていたんですよね。

太田さんが言われたように、ＡＢＭ条約からの脱退に関して、アメリカから日本に対する協議なんかなかったですよ。核については、ヨーロッパ人とは議論するけれど、アジアについては「オレに任しとけ」という感じです。日本のほうもあんまり議論したくないからそれで好都合。誰とは言いませんが、「核の力の字も聞きたくない」という総理もいたくらいですから（笑）、とても議論なんかできなかった。

核の話に踏み込んだのはレーガン大統領に絡みついてＩＮＦ全廃を実現した中曽根総理だけです。この1回だけ、アメリカの核の決定に日本が絡みました。さっき太田さんが仰った宮本中国大使、加藤良三（後の駐米大使）、佐藤行雄（後の国連大使）が課長時代の若い頃、外務省で安全保障を担当してトリオを組んでいた。80年代にユーロミサイル危機（ソ連のＳＳ－20中距離弾道ミサイルに対抗して、西ドイツが米国のパーシングII弾道ミサイルを配備しようとした問題）が出てきました。西ドイツを巻き込んだ米ソの交渉の過程で、こぶしを振り上げたアメリカのレーガン大統領に対し、当時のゴルバチョフ書記長が「分かった。ＳＳ－20の核は全部極東に持って行くよ」と言って応じたのですが、先述の外務省トリオはこれに激高したわけです。中曽根さんに直談判に行き、中曽根さんは仲が良かったレーガンに会って「ふざけるな。ヨーロッパの核問題を極東を犠牲にして解決しようというのか」と言って白紙撤回させた。有名なゼロ・オプションです。日本が核協議に絡んだのはこれ1回だけです。

ミサイル防衛の話ですが、太田さんからオフェンス／ディフェンスの両方がぐしゃぐしゃになっているって話がありましたけれども、日本の場合は防御から入るしかない。

兼原信克（かねはら・のぶかつ）
1959年山口県生まれ。同志社大学特別客員教授。東京大学法学部を卒業後、81年に外務省に入省。フランス国立行政学院（ＥＮＡ）で研修の後、ブリュッセル、ニューヨーク、ワシントン、ソウルなどで在外勤務。2012年、外務省国際法局長から内閣官房副長官補（外政担当）に転じる。2014年から新設の国家安全保障局次長も兼務。2019年に退官。著書に『歴史の教訓――「失敗の本質」と国家戦略』などがある。

小泉政権当時の2002年12月、私は外務省日米安保条約課長、高見澤さんが防衛省防衛政策課長で、石破茂防衛庁長官と一緒にワシントンへ行きました。そこで日米防衛首脳会談の前に、事務的に米国側からミサイル防衛の話が出てきた。私は、中ソのみならず韓国や台湾といったアジア中の国がミサイル開発に努め、北朝鮮でさえ核武装しようとしているのに、日本が丸裸でいいのかと思っていました。ミサイル防衛は剣道で言えば防具を着けるに過ぎず、竹刀を持つわけではない。敵のミサイル攻撃から国民を守る、純然たる個別的自衛権の話です。加えて値段を聞いてみたら思ったよりはるかに安かった。同行の幹部に囲まれた石破長官が「やるぞ」という顔付きになって、私は「はいっ」という感じでしたね。あの夜のことはよく覚えています。その後、福田官房長官から、「出先で勝手に決めるな」とか言われて怒られたのだと思いますが（笑）。

高見澤　この当時、石破防衛庁長官がラムズフェルド国防長官との会談で、弾道ミサイル防衛構想について「将来における開発・配備を視野に入れて検討を進めていく」と表明しました。その際、「視野に入れて」という言葉がかなり問題になったような記憶があります。一つ忘れてならないのは、この前段階として、1998年12月に「海上配備型上層システム」を対象として日米共同技術研究を行うことが決定されており、同年8

月には北朝鮮がテポドン１号を日本海に向け発射し、そのミサイルが日本上空を通過した事実があったということです。

兼原　当時は、国内冷戦の余韻も強く、こちらからミサイルを敵に撃ち込むのは論外という雰囲気でしたけれど、日本に向かってくる敵のミサイルを撃ち落とすことの何が悪い、ということです。もちろん、廉価な打撃力を選択肢から外し、高価なミサイル防衛に特化するのは、軍事的には非合理です。コスパが悪すぎる。でも、当時の日本はこれからやるしかないじゃないか、と考えていました。

残念だったのが、国会の議論です。ドイツの左派政党である社民党（ＳＰＤ）は、59年のゴーデスベルク綱領で階級政党であることをやめて国民政党に舵を切り、安全保障についても現実的な考え方をするようになりました。英仏は核を持っていますが、実際に最前線で敵に対峙しているのは核を持っていないドイツなわけです。アメリカは大量に核兵器を持ち込んでいたので、ドイツは自分たちにも核の配備や運用に発言権を与えろと言って米国にむしゃぶりつきました。左派のＳＰＤ政権であっても核協議に本気で取り組んだ。欧州の核問題は、半分はドイツ問題だと思います。残念ながら、日本の社会党にはゴーデスベルク綱領がなく、ずっとソ連寄りの前衛のポジションから動かなかったので、「米国の核持ち込みは悪だ」という論争しかやらなかった。

ミサイル防衛能力のないロシアは焦っていました。在京ロシア大使館でジャーナリストや「知識人」を集めてミサイル防衛反対のキャンペーンをやっていました。既にロシアも民主化していましたから、日本外務省にも堂々と招待状が届いていました(笑)。

スターウォーズ計画という契機

髙見澤　核抑止と核戦略が遠かったっていうのは、防衛官僚だった私も感じていたところです。防衛計画の大綱に「核」という言葉がどれほど出てくるか。日本初の防衛計画の大綱、つまり「基盤的防衛力(仮想敵を想定せず、国防に必要な最小限の防衛力のみを整備するという構想)」を取り入れた昭和51年の大綱でも、侵略の未然防止という柱の中で、「核の脅威に対しては、米国の核抑止力に依存するものとする」としか言っていない。私自身の経験で言うと、1980年に役所の研修があり、防衛研究所(当時は防衛研修所)の原書購読で、マイケル・マンデルバウムの「The Nuclear Question」について議論したのが核抑止の話について少し体系的に考えるようになったきっかけです。当時は79年12月のソ連のアフガン侵攻によりデタントムードが吹っ飛び、「西側の一員としての防衛」がキーワードとなり、日本としてもソ連のアフガン侵攻の後にどれだけ防衛努力をするかということが議論の焦点になりました。しかし核の話は学問的な位置づけで、防衛努力とはあまり関係ない感じでした。欧州での中距離ミサイルの配備を巡っては、兼原さんの話された通り、外務省幹部ではそれなりに議論はあったと思いますけれども。

ようやく核の議論が身近になったのは、83年にレーガン大統領が打ち出したＳＤＩ（戦略防衛構想。いわゆるスターウォーズ計画）についての検討が進められるようになった時ではないでしょうか。ＳＤＩは日本も防衛協力を求められた非常に大きな契機であって、その時に初めて核抑止を含めたＳＤＩの意味合いを防衛省内でも体系的に考えた。そういう基本的な考え方があったから、その後にミサイル防衛が出てきた時もすんなりと対処できた、というのが私の認識です。

先ほど、ミサイル防衛について太田さんのコメントがありました。私もかなり同意する部分が多いのですが、一方で忘れてはいけないのは、ミサイル防衛には心理的に世論を安定させる効果がかなりある、ということです。北朝鮮がミサイル実験を繰り返し、日本への攻撃が現実的な脅威として世論に認識された時、「我々はそれに対抗するシステムを整備している」という事実は、世論を落ち着かせる効果があった。もしミサイル防衛の話がなかったら、それこそ「先制攻撃しろ」「金正恩《キムジョンウン》のクビを取れ」といった強硬な意見が強くなっていたかもしれません。逆に怖くて動揺してしまい、圧力をかけることができなかったかもしれない。ミサイル防衛システムを整備することは、北朝鮮のエスカレーションを封じるだけでなく、日本の世論も含め、アジアの安定に貢献している部分が大きいのではないでしょうか。

大事なのは、それをシステムの整備だけで終わらせるのではなく、もっと総合的に、戦略的なインプリケーション（合意）を考えることです。特にミサイル防衛システムの構築の前提となった環境が大きく変化している現在の状況の下では、戦力構成や戦略のパターンをいくつか考えて、その中で日本はどれを選んでいくべきかについて、考慮要素や利害得失を明らかにした上で議論すべきでしょう。

従来は、そのような議論をする政治環境が日本にはなかったし、政治環境がなければ我々のような官僚も議論の材料など提起できるはずもありませんが、状況はかなり変わってきた。特に2010年のNPR（Nuclear Posture Revue：「核態勢の見直し」の意。アメリカが政権の節目にまとめる中期的な核戦略の指針）の辺り、あるいはその前ぐらいから、日米間の拡大抑止協議（日米の外交・安保当局者による非公開協議。2010年にスタート）を重視するような流れが出て、政策当局間ではミサイル防衛と並んで核抑止の議論も進んできたと思います。ただ、世論との関係では、そうした議論を透明性を持った形ではできないという状況が今も続いている。そこをどう変えていくかということは、日本の課題ではないかと思います。この座談会もその一つの試みかも知れませんが。

あと、ヨーロッパと日本の大きな違いを言うと、NATOが核同盟であるということです。また、欧米の間では全般的に人員の一体的運用が進んでいることもあります。アメリカでは大勢のイギリス人がアメリカ人と一緒に働いていますし、オーストラリアもそうです。その逆もある。リスク、計画、情報、さらには人もシェアしている。この四つのシェアリングがNATOの核同盟の中ではずっと存在しているし、ファイブアイズ（オーストラリア、カナダ、ニュージーランド、イギリス、アメリカで構成された情報共有の仕組み）の中にもあるわけですが、我々のほうにはどこまであったか。やっと少しずつ高まってきているとは思いますが。

番匠　先ほど核戦略に関係する国際環境が大きく変わってきて、我々がいるこのアジアが世界の核戦略上の焦点に浮上したということを申し上げましたけれども、単に地政学的な関係だけでなくて、安全保障を巡る環境も随分変わってきていると思います。NATOは集団防衛体制、かつヨーロッパという土地の上での抑止を担ってきましたが、アジア正面では、日米同盟にしろ米韓同盟にしろ、この地域の同盟はすべて二国間関係であり、かつ舞台になっているのも広大な海洋です。加えて技術の革新もすさまじい。宇宙、サイバー、電磁波、AI、あるいは量子技術など、抑止を動揺させるための技術手段も大幅に増えています。

だから、我々はそういう環境にあるんだということをまず、きちんと認識することが重要です。核の問題を、「アメリカの核の傘の下にいるから私たちは何も考えなくていい」ということで済ませず、自分たち自身の問題として認識し、その中で我々の役割が何なのかをしっかりと考える。そういう主体的な態度が求められている気がします。

専門家の中だけの議論でいいのか

太田　いま番匠さんが仰られたこと、本当に同感です。最初の防衛計画の大綱策定に関与された佐藤行雄さん（前出）に2008年にインタビューしたとき、当時を振り返られて「日本は、米ソの相互抑止が効いていれば安心、そこから安心を引き出すという立場だった」と仰っていたんですけれども、この環境が大きく変わってしまったということですよね。

マスコミの側も、「抑止」と言ったら「核抑止」だと思い込んでいるところがあって、そういう報道がまかり通っていた。「抑止＝核の傘」というような、短絡的な議論になりがちだった。しかし、よくよく考えなくてはいけないのは、本当にアメリカが核を使うのか、日本がアメリカに「核を使ってくれ」と頼めるのか、使った場合に放射能被害を含めてどういう帰結が日本周辺で生じるのか、という点です。そうした意味で、日本は抽象的な概念として「核の傘」に依存してきたが、こうしたリアルな問いに根差したシナリオベースの議論がこれまであまり行われてこなかった。そして、抑止をアメリカの核戦力ばかりに頼ることに果たして本当に持続可能性があるのか、という問いにも向き合わなくてはならない。

私の印象に強く残っているのは、２０１６年5月の政権末期にバラク・オバマ大統領が被爆地広島にやってきた頃のことです。就任早々のプラハ演説で核廃絶を訴えてノーベル平和賞を受賞したこともあり、政権を去るにあたって、ホワイトハウスを中心に核の先行不使用（No First Use = NFU：日本の新聞では「先制不使用」とも訳される）の議論が活発化した。この年の7月初旬、ワシントンに行った際にホワイトハウスで核軍備管理や不拡散、核セキュリティなどの核政策を担当する高官二人に取材しました。すると、その一人が、私が日本のジャーナリストということもあって、「先行不使用の議論を日本政府に持ち掛けたらどうなるだろうか？」と質問してきました。核抑止力が減殺するという理屈で日本は反対するのか。また中国や北朝鮮との緊張関係もある中、日本はどう反応するのだろうか、と。

先行不使用を支持するオバマ政権の高官らは、次のように論理展開しました。先行不使用採用によって相対的に抑止力が減るわけではない、通常兵器やミサイル防衛など、ありとあらゆる米軍の総力によって抑止力は十分確保できる、いちばん重要なのは使う側の政治的な意思であって、先行不使用だけをもってして抑止力が低下するわけではない、従って日本は反対の結論を急がないでほしい、と。私はこうした意見を聞きながら、核に限らない「抑止力の総和」ということを日本側ももっと客観的に突き詰めていく必要があるのではないか、その努力をこれまで日本の政府と社会は重ねてきたのだろうか、と自問しました。

先程来の核同盟の議論ですが、オバマ政権時代にできた拡大抑止協議、髙見澤さんからもお話がありましたけども、この協議枠組みが始動してからの10年超の間に日米同盟は少し違う次元に進んだのかなと思っています。拡大抑止協議の議論の中身は特定秘密にも関わる内容が多いとみられ、我々外部の人間には何が論じられているのか全く分かりませんが、アメリカとしては、日本にも抑止の総和やその実態を精確に理解してほしい、という意図がそもそもあったのではないかと思います。オバマ政権の人たちの中には、オバマ大統領が進めたい核兵器の量的削減についても日本に十分理解してもらいながら核軍縮を進めたい、それが決して抑止力の低減につながらないのだという点を分かってほしい、という思いがあるのではないか。当時取材しながら、そう感じました。

日米で拡大抑止協議が始まって10年以上が経過しました。そろそろ内輪ばかりで議論するのではなくて、立法府も含め、もっとパブリックな形で議論する機会があってもいいのではないでしょうか。安全保障政策に対する当事者意識を国民に持って貰うには、国民がステークホルダーとなり、政策に対するオーナーシップを持たなければどうしようもない。日米の政策エリートだけが年に2回集まるのはいいが、その議論の成果や国民生活への影響に関する情報が全く市民には聞こえてこない。そんな状態のままでは、世論は抑止力への確信をいつまでたっても具体的に持てないのではないか。政府の外にいる私などは、そう心配になってしまうんですね。

また長崎への原爆投下以降、幸いにも核は使われなかったが、果たして使わなかったのか、使えなかったのか、はたまた、そもそもアメリカに使う気がなかったのか。その辺の歴史的な実相もしっかりと検証する必要がある。朝鮮戦争、キューバ危機しかり、ベトナム戦争、湾岸戦争しかり。アメリカの政治指導者がいざというとき、どこまで核使用を現実的な選択肢と見ていたのか。核抑止論は相手の思考様式に変容を促す概念的要素なので、この点は非常に検証が難しい面もありますが、もう少し核抑止力というものの実像を〝解体〟していく必要がある、核抑止力の構成要素について傘を差し掛ける者の意図も含めて、ある程度可視化してく必要があるのではないかと思います。

核抑止と核不拡散は「一緒の話」

髙見澤　今の太田さんの問題提起について、私自身も感じていることがあります。軍縮・不拡散教育という言葉がありますが、これには二つ追加すべきことがある。一つは核の平和利用。医療、農業などさまざまな場面で、原子力の技術は平和的に使われている。ＮＰＴの三本柱（不拡散、軍縮、原子力の平和的利用）を構成する「平和的利用」の部分があまり知られていない。この前、長崎大学の学生にその話をしたら、かなり基本的な知識に関わる分野ですが、「非常に勉強になりました」という感想を貰いました。

もう一つが抑止です。太田さんは「抑止の総和」ということを指摘されましたが、これは非常に重要な点だと思います。つまり、パブリックな形で、なぜ大きな戦争が抑止されているのかをちゃんと説明しなきゃいけない。これはフランスでは教科書で教えているんですが、日本ではまったくない。最近では米国においても、軍人ですら抑止のメカニズムについてよく知らない、研修をしっかりすべきだという話も聞きます。

太田さんは「可視化」と仰いましたが、拡大抑止協議との文脈だけで可視化と言われるのはどうかという気もします。私自身は抑止という観点で、もっと基本的な知識を深めなきゃいけないと思っています。抑止のメカニズムが怪しいものとして国民が受け取ってしまうということになれば更に追加的な手段を考えなければならない。一方、十分な説明の結果、それが安全保障に大事なんだと理解されるのであれば、それはそれでいい。どちらにしてもプラスになります。

あともう一つ。核抑止や拡大抑止に関して、どのように政府として位置づけてきたかということについて、防衛計画の大綱をはじめとする戦略文書の流れで見ておきたいと思います。もともと最初の51大綱（76年）において、「核の脅威に対しては、米国の核抑止力に依存する」ものとされ、07大綱（95年）でも16大綱（2004年）でも同じような簡潔な表現がとられてきました。ところが、22大綱（10年）のときには、「現実に核兵器が存在する間は、核抑止力を中心とする米国の拡大抑止は不可欠」という記述がされています。太田さんのお話と符合するわけですが、いわば核抑止依存一本槍から「拡大抑止」と核抑止力以外の要素を含むニュアンスが示されています。これ以降、国家安全保障戦略（13年）、25大綱（同）、30大綱（18年）において同じ表現が踏襲されています。2015年に改訂された「日米防衛協力のための指針」（第三次指針）においては、「米国は、引き続き、その核戦力を含むあらゆる種類の能力を通じ、日本に対して拡大抑止を提供する」とされ、このような趣旨がより明確になっています。（ちなみに最初の日米防衛協力のための指針〔78年〕と第二次指針〔97年〕では、このような表現は使用されていない）。

太田　いま高見澤さんから抑止教育の話が出てきたので言わせて頂くと、軍備管理や軍縮というものが、実は抑止力を構成している要件であるという議論が日本ではあまり聞かれない。まずは軍備拡張競争が進む緊張局面で「アームズレース・スタビリティ（軍拡競争における安定性）」の模索があり、それが「アームズコントロール・スタビリティ（軍備管理による安定性）」を求める動きに変わり、互いが紛争誘発の回避とリスク削減を志向する「戦略的安定性」を構築することで相互抑止が成立していくわけですが、日本の政策エリートの議論を外から垣間見ていると、どうも「核軍縮・軍備管理・不拡散、そして軍縮教育といったテーマは専ら、『ヒロシマ、ナガサキの話』だ」との捉え方をされている方が少なからずおられる。

髙見澤　広島・長崎にとってみると、被爆者の思いを本当に体現するために軍縮・不拡散教育が必要であり、最も重視すべきだということになります。これは日本にとっても、世界にとっても非常に重い原点であると思います。一方、安全保障を重視する観点からは、核廃絶が長期的な目標であっても当面は核兵器が存在することを前提にして、抑止が有効に機能し、それに伴うリスクを減らすとともに、核兵器の規模を縮小するための方策が必要だということになる。軍縮・不拡散の意義だけでなく、抑止とか軍備管理の意義についても認識を深めなければならないということになります。いわばコインの裏表として両方を考えないといけないわけです。表から見るか裏から見るかでデザインは違うけれど、一体で見て初めて全体像がわかるということになるわけです。

兼原　米ソによる核抑止、西側の中での英仏の核やNATO核の位置づけ、P5以外に核を持たせないというNPT体制、原子力の平和利用、これは全部一体の議論なんですよね。

髙見澤　はい。NPTの三本柱はすべてつながっている。

兼原　日本ではそれを勝手に切って刺身にして食べている、という感じです。一方に核廃絶のチームがあって、他方で核抑止をやっているチームがあり、両者は交わらない。

日本に欠けているのは、誰を相手にどういう紛争を戦うのか、それをどう抑止するのか、その中で核の位置づけをどうするのか、というリアルなシナリオベースの議論です。核のありようは、脅威対抗という自衛の枠組みの中、相手との関係の中で考えるもので、先制不使用それ自体がいいとか悪いとかいう抽象的議論は、私は意味がないと思います。通常兵器で圧倒的に負けている相手に対しては、「いざとなったら核の先制攻撃をするぞ」と言っておかないと抑止にならない。ロシアが「先制攻撃をする」と公言しているのは、領土が広すぎて守り切れず、通常兵器だけでは周りの国に勝てないかもしれないからです。逆に、通常兵器でも核兵器でもどっちでもやれると思っているアメリカは、わざわざそんなことを言う必要はない。

オバマ大統領が「核の先制使用をやめようか」と言い始めたとき、私は官邸にいましたが、「ふざけるな！」と思っていました。中国の通常兵力が巨大化を続けているのに何を言ってるんだと思いました。今の日本の戦略環境は、動員解除せずに強大なまま残ったソ連軍に直面しているNATO成立前の西欧諸国のようなものです。オバマさんは核兵器廃絶派の人ですから、アメリカの核戦略クラブの中では極左ですよ。核抑止の役割をよく認識している専門家たちは、「オバマは軍事が分からずに突っ走っているから危ない」と心配していました。

軍事関係を巡っては、「相互に恐怖感（緊張感）を上げれば上げるほど事態が安定する」というパラドックスがあります。特に核の世界はそうです。暴発したらお互いに危ない、という恐怖感が高まれば、最低限の透明性確保と検証措置などの信頼醸成に入っていきます。一方的に自らの手を縛り、軍事力を下げたら、戦略環境はかえって不安定になる。籠の中に卵をいっぱい積みあげて、みんなが「潰れるんじゃないか」という感覚になると、誰も下手に触ろうとはしなくなる。1個しか入ってなかったら、みんな揺さぶりたくなるんです。この核抑止の感覚は日本にはあまりないので、そこの辺は頭に置いておいた方がいいと思います。

オバマ大統領の時代からトランプ大統領の時代まで、中国は激変しました。今の中国軍は戦前の日本陸海軍と同じで、最早アジアに敵はいないと言えるほど強い。これほど強大な軍事勢力が日本の真横に現れたのは、歴史を振り返っても元寇、幕末、冷戦初期だけです。しかも尖閣と台湾が狙われている。韓国は大国化した割には文在寅《ムンジェイン》政権の下で戦略的方向性が混乱している。だからこそ有事は起こさせてはいけない。そのための核抑止力、拡大核抑止です。オバマさんの議論は、私は当時も反対でしたが、今はもっと反対です。この話はまた後ほど、中国との関係で掘り下げてみたいと思います。

第2章　台湾にアメリカの核の傘を提供すべきか

兼原　次に台湾防衛に関する話に入っていきたいと思います。

台湾をめぐる戦略環境は急激に変わってきています。一言で言うと中国が強くなりすぎた。経済規模は日本の3倍、米国の75％です。２０３０年には米国の経済規模を抜くという予測もある。防衛費は名目で日本の5倍で、これはアメリカを除くＧ７の国すべての防衛費を合わせたものより大きい。購買力平価換算では日本の防衛費の16倍です。しかも、今も毎年2桁の規模で伸びています。通常兵力だけではありません。核兵器もミサイルも種類を増やしており、宇宙戦能力も、サイバー戦能力も高い。中国軍の破壊力はどんどん上がってきている。

欧州と比べた時のこの地域の戦略環境の特色は、著しい非対称性です。ＮＡＴＯの場合、主たる敵はロシア1カ国だけ。しかも陸上戦闘が主体になるので、日頃からＮＡＴ

O軍とワルシャワ条約機構軍がラグビーのスクラムを組んだようになっていた。NATOの指揮権も米国人最高指揮官の下に一本化されている。事務局も作戦も人員も共有されている。冷戦中の欧州正面は非常に単純な構造でした。

一方、東アジアの場合は米国をハブにした「ハブ・アンド・スポーク」構造ですが、本当に鋼鉄のスポークと言えるのは実は日本と豪州だけです。その豪州はいかんせん遠いし、規模も小さい。韓国は充分に大国化しましたが、陸続きの中国に対する恐怖心が強すぎる。また左翼政権が反米・反日ですから、有事の際に信用できるのか怪しい。

他の米国の同盟国としてはフィリピンとタイがあります。フィリピンは、日本の豪州、湾岸、欧州へと繋がるシーレーンを扼するバシー海峡の南岸ですが、タイと同様、東アジアの安全保障を担うほどの軍事力がない。頼みのアメリカは太平洋の向こう側、1万キロも離れている。脅威認識も、指揮権もバラバラです。米国の太平洋同盟網は、NATOに比べて哀しいほど弱い。

仮に台湾有事となったら、中国は対米防衛の基本方針としているA2/AD（接近阻止/領域拒否）能力を強化してきているので、アメリカも第一列島線の内側には入れない。米国の同盟国の中で日本が当てにできるのは豪州しかいない。インドとは「クワッド」

で連携していますが、非同盟のインドとの連携は戦略的なもので、軍事同盟とは違う。これに対して中国は台湾から200キロしかありません。兵力投射が簡単です。距離は残酷です。しかも、中国は北がシベリアで、西がゴビ砂漠で、南がヒマラヤ山塊なので、台湾のある東側正面に全勢力を集められるという大きな利点がある。

私の問題意識は、一つがまず、アメリカがやっている台湾政策の曖昧戦略（戦略的曖昧さ）を続けたほうがいいのかどうか。中国がまだ弱かったときには、「彼らを本気にさせちゃいかん。そのうち改心して民主化するかもしれない」という理屈が成り立ちましたが、巨大化して一方的な現状変更を厭わなくなっている今の中国には、「こっちも怒るぞ」と言わないといけない状況なのではないか。

そもそも曖昧戦略を続けていると、台湾に「核の傘」が差しかけられない。台湾と韓国は、北朝鮮と同様に核を持ちたかったはずですが、それを米国が止めた。米国にとってNPTと核の傘はワンセットです。「NPTに入っただろう。同盟があるだろう。だから核は持つな。必ず俺が守ってやる」ということでした。しかし、米中国交正常化の後、米華同盟は消えた。最早、台湾に核の傘はないですが、もう少し緊張が高まったら、私は核の傘を米国が明示的に提供したほうがいいんじゃないかと思います。

米国にとって米本土防衛上の死活的な価値が台湾にあるかと言えば、恐らくない。地政学上、台湾はアフガニスタンよりははるかに大事ですが、台湾がなかったらアメリカの防衛に穴が空くかと言えば、そうではないでしょう。しかし、米国のリーダーシップへの信頼は蒸発します。アジアでも、世界でも、米国は中国に屈服したとみなされて、誰も米国を信用しなくなるでしょう。アメリカが心配しているのはそれです。だから米国は台湾を守る。では、そのために米国は核の傘を提供するべきか。私はするべきだと思いますが、皆さんのご意見を聞いてみたいと思います。

米軍の戦い方は「鬼舞辻無惨型」になる

兼原　中国が通常戦力をさらに増強してくるのであれば、「核の先制使用」の可能性は大きな抑止力になる。私は、アメリカは核の先制使用を放棄するべきじゃないと思います。

中国のA2／AD戦略が実効的になってくると、米軍の戦い方は恐らく「鬼舞辻無惨《きぶつじむざん》」みたいになります（笑）。鬼舞辻無惨は、『鬼滅の刃』に登場する鬼たちの首魁なんですが、体中から長い無数の鞭が出て、敵を叩きまくる。体内に脳が五つありますから、1個の脳がやられても指揮系統は何の影響も受けない。たぶん将来の米軍はこうなります。A2／ADを破っていくためには、遠くから攻撃し、司令部をいくつかに分散させ、どこか一つを叩かれても別のところから反撃できるようにしておかなければなりませんから。私は同志社大学で、学生にも分かるように「米軍の戦い方は鬼舞辻無惨型になる」と教えています。別に米軍が鬼の親玉だ、ってわけじゃないですけど（笑）。

高見澤　冗談じゃなくて、アメリカのDARPA（国防高等研究計画局）が一番研究しているのは日本の漫画やアニメだっていいますからね。

兼原　台湾有事で米軍が「鬼舞辻無惨型」の戦い方をするとなった時、核抑止までのエスカレーションラダーをどう組み上げていくのか、ということは全然議論されていません。柔軟反応戦略を取るのであれば、通常兵器から核兵器までの階段を緻密に組み上げ、各々の段階で戦術的優位を確立する必要があります。敵がエスカレーションラダーを一段上れば、こちらは更に高みに上ることができることを常に見せつけ、最後は核の応酬になるから、初めから階段を上るのを止めろと説得できることが肝要です。紛争のエスカレーションの各段階で、常に主導権を取るということです。英語でエスカレーションドミナンスと言われています。

台湾有事に際しての中国の作戦構想はいろいろ考えられますが、一番賢いのは特殊兵を使って総統等要人の暗殺をやり、大量のフェイクニュースを流した上で情報を遮断し、臨時政府として傀儡政権を立て、「中国は台湾からの支援要請があったから介入した。外国の介入は許さない」と正当化する形でしょう。ただ、そううまく行くとは限らない。最後はやっぱり着上陸侵攻があるでしょうから、それを想定し、「この階段を上がったら核戦争になるぞ」ということを言わなくちゃいけない。

「鬼舞辻無惨型」のアメリカに対し、中国の側が仕掛けるであろうサイバー攻撃、ミサイル飽和攻撃、宇宙のブラックアウト、着上陸攻撃のどの段階で「核を使うぞ」と言うのか。「台湾にも核の傘があるぞ。それ以上はやめとけ」と言うのであれば、最初から言っておかなければ抑止が機能しない。つまり曖昧戦略はやめなくちゃいけない。

ただし、エスカレーションラダーについて双方が暗黙の了解をするには、さっき高見澤さんが仰ったように、米中間にも米ソ間の軍備管理軍縮で実現したような最低限の信頼と透明性の確保が必要です。核戦争になっちゃうかもしれないと双方が恐れるからこそ、信頼醸成、相互検証、軍備管理が必要だ、となる。中国の核戦略は、まだそこまで成熟していないという問題があります。

ご意見が違う方もいると思いますけど、皆さんのお考えをお話しください。

髙見澤　そもそも台湾海峡にフォーカスしたコンティンジェンシープラン（緊急時対応計画）とかシナリオがゴソッと抜けているのではないかという気がしますね。

冷戦の頃は、日米間で、シーレーン防衛共同研究（1983年）をやったり、日本独自で洋上防空体制の研究（87年）をしたりして、対ソ連を見据えたいろんなシミュレーションを行っていました。戦略環境は今よりずっと単純でしたが、その中でもそれなりの分析とか共同評価をやっていた。ところが、戦略環境が遥かに複雑になったのに、台湾をめぐって総合的な評価や分析をやっているのかといえば、そこがない。

兼原さんの仰った曖昧戦略を変える必要については、何となく今のままじゃまずいなってことはあるんですけれども、そこの前提となる認識の摺《す》り合わせすら十分にできていないことが最大の課題であると思っています。関係国の中での評価の違い、認識の違いを議論しなければいけない。その議論の流れの中で、テイラーメイドされた核戦略がどう機能するのか、どのような通常戦力が有効かという話にもなる。

台湾は日本のすぐ目の前です。台湾における事態は日本の安全保障問題に直結します。

そこをはっきり認識して検討すべきではないか。兼原さんが指摘されたとおり、アメリカの中には核の先行不使用を明確にすべきだという議論がありますが、その前に我々として中国のA2／ADにどう対峙するのかについて具体的に考えるべきだと思います。我々にとって台湾の価値はすごく上がっている。戦略環境の問題だけでなく、半導体やサプライチェーンの問題、民主主義が完全に根付いた国民性、また非常に多くの日本人留学生が台湾で学んでいるということもあります。その台湾の「価値」や日本を含む西側全体にとっての重要性も、よく認識しておくべきだと思います。

中国は南シナ海を「核の要塞」にしようとしている

番匠　台湾の議論に入る前提として、中国の核戦略が変わってきていることについて、私の認識をお話しししたいと思います。

中国の目標は何なのか。２０２１年が中国共産党創立１００年、27年が人民解放軍（ＰＬＡ）１００年、49年が中華人民共和国建国１００年と続きます。こういうアニバーサリーイヤーも見据えて、世界で最強の国を作っていくという「中国の夢」の実現のために、あらゆる努力を結集しているのが現在だろうと思います。

実は中国が最初の核実験をしたのは1964年の10月16日。前回の東京オリンピックの7日目ですよ。今、東京オリパラが終わったばかりですけれども、この前のオリンピックの最中に彼らは核グループに入った。その後80年にＩＣＢＭ（大陸間弾道ミサイル）の発射を成功させ、その2年後にはＳＬＢＭ（潜水艦発射弾道ミサイル）も成功させている。こうして核大国の仲間入りをしていくわけです。

ただ、米ソの両超大国に比べればセカンドティア（二番手グループ）で、「最小限抑止」と当時言われていたと思いますが、当時の国力からしてもＰ5の一員としての国威のために最小限の戦略的核戦力は持つものの、戦争が発生したとしても自ら最初に核兵器を使用することはない「先行不使用」というスタンスをとっていた。これが冷戦期だったと思いますが、「中国の夢」が前景化してくると国家目標実現のために核戦略も変わってきた。今や「最小限抑止」ではなく「確証報復戦略」、つまり間違いなく報復できる能力を持とうとしている。

例えばＩＣＢＭは相当、近代化を進めています。最初に作られたＩＣＢＭのＤＦ－5は液体燃料で、かつ固定型だったので、相手の攻撃に対して脆弱だと言われていましたが、これを地下に入れたり、複数弾頭化したりして、リスクを減らした。

さらにDF－5とは別系統のICBMも作っています。こちらのミサイルは固体燃料で、TEL（発射台付き車両）に積んであり、地下の中を自由に動けるようにしてある。要するに、簡単に見つからないし、狙われない。DF－31、あるいはまだ実戦配備はしていないかもしれませんが、最近ではDF－41という射程1万4000キロぐらいのICBMも作っている。つまりアメリカ東海岸、ワシントンも完全に射程に入ります。

それからSLBMですが、これにはJL－2というDF－31の改良型だと言われているものがあり、晋級潜水艦に積んで第2撃能力を確保している。次世代のJL－3はDF－41の改良型だと言われていますが、1万2000から3000キロぐらいの射程と言われます。こうなると、単に旧ソ連がオホーツク海やバレンツ海で持っていたような潜水艦による第2撃能力というようなものではなくなる。最小限抑止ではなくて完全に確証報復、つまり攻撃用になってきているわけです。同時に戦域レベルの核・ミサイル能力増強も進めてきていて、明らかに中国は戦略を変えてきている。

もう一つ申し上げると、私は南シナ海や尖閣の領有権主張にも核戦略が関係しているのではないか、という気がしています。なぜ、あれだけ国際的な非難を受けながらも南

中国の軍事戦略における防衛ライン

シナ海に人工島を建設し、そこに軍事的なプレゼンスを置こうとするのか。これは、核戦略の観点から考えればよく分かる。

南シナ海について言えば、ベトナム戦争の頃に西沙諸島を取り、80年代の末には南沙諸島も手中に収め、七つの人工島を作った。そして、フィリピンの排他的経済水域内にあるスカボロー礁も、領有権を主張し実効支配しています。実は、南沙と西沙とスカボロー礁をつなぐ三角形のあたりが、南シナ海の中で最も深いわけですね。４０００メートルを超える水深があります。東シナ海はあんまり深くない。だから、ＳＬＢＭを発射できる原子力潜水艦を遊弋させておくには南シナ海が最適なのです。中国は、冷戦期ソ連のオーシャン・バスチオン（海洋要塞）に相当するものを、この南シナ海に作ろうとしているのではないか。だから、南シナ海は何としても押さえたい。台湾は南シナ海と東シナ海をつなぐ要であるから押さえたい。尖閣や南西諸島も、言ってみれば渤海湾から東シナ海を経て太平洋に出て行く時の出口を扼する場所であり、核戦略の態勢を万全にするためには何としても押さえたい。つまり、彼らが今やっているのは、単に従来のランドパワーが海洋へも進出を図ってきた、というものではなく、核戦略上の要請にしたがっての行動である、と考えられるのです。

核戦略上の要衝としての東シナ海、南シナ海の重要性を分かっているからこそ、国際的な非難を受けても進出をやめない。兵器体系の進化と、ここ10年ぐらいの非常に活発な動きというのは、私は核戦略を介して深く連動しているんじゃないかなという気がいたします。

「台湾を守る」と明言し始めた米国

番匠　もう一つ、注目しておくべきミサイルはＤＦ－26です。91年に配備が開始されたＤＦ－21の進化形です。これは、ＩＮＦ条約の区分で言えばＭＲＢＭ（準中距離弾道ミサイル）、ＩＲＢＭ（中距離弾道ミサイル）に相当します。射程は５０００キロ以下。中国はここに、ものすごいエネルギーを注いできている。中国はＩＮＦ条約の枠外にいたので、中距離ミサイル開発に何の制約もありませんでしたから、ここに注力して、気がついたら２０００発くらいというとてつもないレベルのミサイルを整備するに至っています。他方のアメリカはＩＮＦ条約で中距離ミサイルを全廃していましたから、完全な不均衡が生じているわけです。

このDF－26を巡る状況に、私は1970年代にロシアが中距離ミサイルSS－20を配備した時とのアナロジーを見ます。現状はINF条約前夜に似ているところがある。SS－20が配備された時、東西の間で一時的に戦力の不均衡が生じましたが、NATOはパーシングⅡを配備してバランシングを図った。アメリカは2019年にINF条約から撤退し、中距離ミサイルの劣勢を埋めようとしていますけれども、この20年ぐらいに開いた差というのは1、2年で埋めることはできない。ポストINFの体制を早急に作り、中国に対する抑止を効かせることが非常に重要になってくると思います。

先程来の話にあるように、台湾の戦略的な価値は高まっている。シーレーンも台湾海峡とバシー海峡を通るわけですし、2300万人もの人口を擁する民主主義の島ですから、何としても守らなきゃいけない。台湾関係法に基づくアメリカの曖昧戦略（戦略的曖昧さ）も、実は最近ちょっと変わってきたのではないかなと思うところがあります。最近、機密解除された米国国家安全保障局の「インド太平洋における米国の戦略的枠組み」という文書を丹念に見ていましたら、明確に「台湾を守る」と書いてありました。文書を黒塗りもしないで出しているということは、アメリカによる一つのメッセージではないかな、と思います。

また、２０２１年8月のアフガニスタンからのアメリカ軍の撤退に関連して、ジョー・バイデン大統領が、アフガニスタンは自分で自分の国を守る意思を示さなかったからアメリカは出て行くが、ＮＡＴＯ、日本、韓国、台湾は違うのだということを記者会見で言っています。大統領が台湾と明示的に発言をするということも、曖昧戦略から少し前に出ようということではないのかなというふうに感じたりもしております。

増殖する中国のＩＣＢＭサイロ

太田　番匠さんがお話しされた中国の核に関して、最近の動きとして私が注目しているのは地下サイロの建設です。ＩＣＢＭを格納するサイロを、内モンゴル自治区や新疆ウイグル自治区など3カ所に建造し始めた。勘定するとサイロだけで３００程度になるとの分析を、全米科学者連盟（ＦＡＳ）の核専門家ハンス・クリステンセンらが最近まとめています。

米国本土には、北西部5州にＩＣＢＭのサイロが４００ありますが、相手の第1撃を誘発する恐れや偶発的使用のリスクがあるほか、戦略的にも不安定化の要因となるから廃止した方がいいとの考え方があります、ウィリアム・ペリー元国防長官らは「SLBMと戦略爆撃機があれば核抑止力は堅持できる」と主張しています。そんな議論が米国内にあるのに、中国がサイロ式ICBMを飛躍的に増強しているのはなぜなのか。相手のターゲティング（標的選定）を複雑化させるという思惑があるのか。あるいは「攻撃できるものなら攻撃してみろ」と意図的に相手に標的を可視化して、仮に相手がこれらのサイロを核攻撃してきたら、こちらも本格的な核報復を行わざるを得ないので相手が第1撃を躊躇して抑止力強化につながるという「スポンジ戦略」のようなことを考えているのか。その真意が見えないのですが、米露並みの「核のトライアッド」体制、つまりICBM、SLBM、戦略爆撃機の三本柱を構築しようとしていることだけは、どうやら間違いない。

中国共産党は一応「核のシビリアンコントロール（文民統制）」がそれなりに効いていて、共産党指導部は毛沢東の時代から人民解放軍に核のフリーハンドを決して渡さなかった。軍部に核を移譲すると何をしでかすか分からない、状況次第ではクーデターだってあるかもしれないと警戒してきたのではないか。そのために核弾頭と運搬システムは平時において切り離してきました。しかし、戦略原子力潜水艦から発射されるJL-2

が出てきたことによって、この弾頭とミサイルの分離の慣行は今後どうなるのか。普段から核弾頭を搭載したミサイルが潜水艦に配備されていないと、ＪＬ－２の戦略的な意味合いはないわけですから、核戦略のセオリーからすると、既に核付きのＪＬ－２が配備されている可能性だってある。

やはりＪＬ－２が出てきたことによって、いわゆる Launch On Warning 態勢（ＬＯＷ：相手のミサイル発射を感知したら、実際に被弾する前であっても報復のためにミサイルを発射するという戦略）に近づいているのではないか。サイロ型ＩＣＢＭの増加も、このあたりの動きと連動しているのではないか。実際、プーチン大統領は２０１９年の黒海ソチでの国際会議で、中国が敵のＩＣＢＭ発射を探知できる早期警戒システムを構築できるよう支援していくと発言しています。だから、番匠さんのご説明にもあった通り、中国の核戦略が今どのような実態なのか、またその将来的な方向性はどこに向かっていくのか、冷徹に見極めていかなければならない。

中国の核戦略の質的な変化は、もっとインテリジェンスを尽くして吟味していく必要がある半面、アジアの地域安定のためには、中国を公の場に引っ張り出して、宣言政策に加え、核ドクトリンや運用政策についてある程度説明をしてもらう、意図の開陳をしてもらう外交的な仕掛けを作っていかなくてはならない。そのために日米韓豪、東南アジア諸国がワンボイスで、中国に透明性を強く求めるメッセージを出していくことが極めて重要ではないでしょうか。

中国の台湾政策については、私にはまだよく分からない点があります。習近平体制が本当に武力統一するとすれば、そのインセンティブは何なのか。そうすることで生じる反作用、リスクをどこまで深刻に認識しているのか。もちろん「中国の夢」を前面に押し出し、2022年には3期目、27年には4期目続投をも狙う習近平にとっては、自身の政治基盤を強化する必要が当然ある。前インド太平洋軍司令官のフィリップ・デービッドソン提督が、台湾侵攻は6年以内にありうるとの趣旨の発言をしたと先に報じられたのも、そうしたタイミングに起因するのかもしれませんが、従来の曖昧戦略を明示的に変えてしまうことで、日本やこの地域の安全保障にどのようなメリット、デメリットがあるのか。リチャード・ハース（米外交評議会会長）などが提唱するように、曖昧戦略を変える必要性があるのかもしれないが、実際にそうした場合、中国との関係は後戻りできない「ポイント・オブ・ノー・リターン」の極限状態にまで突き進む恐れはないのか。米中が「折り合えない」ということに公式のお墨付きが出て、中国が軍備管理対話はもちろん、意図の開陳程度の話し合いにすら応じなくなるかも知れない。積み上げた卵がぐらぐらしてきたら対話が始まるということですが、実は卵のぐらぐらはもう始まっている可能性だってある。曖昧戦略をやめることで、今は可能性が低いかもしれないが、いずれ不可欠となる軍備管理対話のきっかけをも完全に閉ざしかねないのではないのか。その前にもっとやれることがあるのではないか。より奥深い視座に立脚した思慮があっていいのかと思います。

外交と軍事をどう組み合わせるか

髙見澤　太田さんの今の議論、非常によく整理されています。中国に透明性を求めるということでは、ＮＰＴの場における議論でも一致して追求していくことが重要だと思います。太田さんのご指摘の中でちょっと違和感があるのは、米国が採っているのはストラテジックアンビギュイティ（戦略的曖昧さ）であって、アンビギュアスストラテジー（曖昧戦略）じゃないと思うんです。だから、ストラテジックアンビギュイティを言うなら、実際のプランニングとか、そこのサブスタンス、つまりはっきりとは言わなくても、シナリオや軍の態勢など実際に対応するための備えがしっかりできているという前提でないと、意味をなさないし、それは抑止にもならないと思います。

兼原 「実態」と「言うこと」は違うんですよ。平時においては、紛争を避けようとして外交官が言うことと、紛争に備えて軍がやることは違う。でも、どっちが間違っているということではない。両方とも本物です。

我々、外交官は、「習近平は台湾侵攻なんかやるわけない。だって、負けたら彼はおしまいでしょ?」と表立って言う。それをわざと中国に聞かせるわけです。「こっちはやる気ないから、お前もやめろよ」という暗黙のメッセージとして。

一方で軍人は、「やったらタダでは済まないぞ」という構えを静かに見せます。そうして敵の行動を牽制して、紛争の抑止を図ろうとします。しっかりとした軍事力の裏付けがないと、外交面でも相手は言うことを聞きませんから、いざという時の戦いの準備はしておかなければいけない。これには長い時間と巨額のお金がかかる。10年、20年の時間軸と、十兆円単位のスケールです。それをこつこつ続けていかねばならない。

外交では紛争回避を唱えつつ、軍事では紛争に備えておくのが、まさにアンビギュイティなんですよね。外交で和平を唱えたら、軍事では何もしてはいけないということはありません。片手で握手、もう一方の手にナイフというのが普通の国の外交です。

だけど中国の現状を見ると、事態はもっと悪い。こちらが曖昧戦略を取ろうと取るまいと、どうやら台湾併合をやる気になってしまっている。だったら、「本気なのか？こちらも準備は出来ているぞ」とはっきり言うべきじゃないか。事ここに至っては、曖昧戦略はやめないと、かえって中国を大胆にしかねない。むしろ曖昧戦略を止める方が抑止になるのじゃないかと思うんですよね。

太田　なるほど。

髙見澤　番匠さんの話で思い出したので忘れないうちに言っておきたいのですが、中国は1992年に領海法を制定したとき、長期的な構想を基に現在の南シナ海における態勢を構築したのではないかという気がします。当時も注目されていたのですが、中国の公表国防費は台湾より少ないくらいの状況でした。しかし、こうした構想を基に埋め立ての方法を考え、必要な機材を開発したりして、気が付けば人工島を作り、要塞化を図り、街まで作っているということです。

中国は2010年代になってG2（米中二極体制）の話を盛んにしていました。米国はこの話は相手にしなくなりましたが、今でも習近平はそれに近いことを言っていますし、それ以上かもしれません。17年10月の共産党大会で、中国建国100年の49年に国際社会を「総合的な国力と影響力で主導する」ことを目標として宣明しました。つまり、アメリカと対峙するということをはっきり公言している中国共産党としては、核の世界においてもアメリカとのパリティ（均衡）、それもICBM、SLBM、戦略爆撃機のいわゆるTRIAD（三本柱）におけるパリティを追求することになるのではないか。その論理が従来型のMADなのか、別な議論になるか分かりませんけど、そのような前提に立つべきではないか。この点に関する十分な分析を抜きにして、核兵器の先行不使用や核兵器以外の脅威には核兵器は使用しないという議論が米国から出てくるのは日本としてどうなのかという話になります。21年8月に中国がICBM戦力の大幅な拡張を図ろうとしているという動きが明るみに出て、米国政府も、「中国政府が最小限の抑止力を基本とした何十年前の核戦略から著しく逸脱していることを浮き彫りにする」と指摘しました。

我々はどうしても、当面の事象やそのときの中国の政治的な表明を我々のプリズムで都合よく見てしまいがちですが、もっと「中国共産党の論理」を分析した方がいい。核戦略の面でも、我々の感覚ではまさかあり得ないだろうということでも、共産党の論理からすればそうなるという部分があるのは否定できません。したがって精緻な現状分析と並行して、中国共産党の論理の帰結としてこういうことが起こるであろう、という思考が必要ではないかと思います。

兼原　安全保障は将棋ですから、先ずは駒ぞろえを見てから、敵が打ってくる手を考える。相手がやる気がなさそうに見えてもやるときはやるわけだから、意図の議論だけしていても意味がない。始まったときには必ず止められるというのが前提になるので、その準備は怠るわけにはいきません。

太田　私も準備の必要性を否定しているわけではないのですが、今のように戦略的に曖昧な部分を残した上で中国を軍備管理対話に引き込む別の方策がまだあるのではないか、ドラスティックな政策変更に一気に踏み切らずとも戦略的安定性を模索する萌芽が見えてくる外交的・政治的な道筋はないのか、とついつい考えてしまう。

兼原　そこが外交のおもしろいところで、私の感覚だと、軍縮協議は「平和のために始めよう」と言って始まるものはない。軍縮の動機には「このままでは緊張が高まりすぎて偶発戦争になるといけないから、最低限の透明性確保と信頼醸成が必要だ」という論理か、「膨大な軍備費がかかっているが、これ以上お金がないからやめよう」という論理か、この二つしかないんですよ。中国のように元気で上り調子の大国は、軍縮協議なんかにはハナから応じない。軍拡をやめる動機がないんです。むしろ、自分たちの国力増進に蓋をしようとしていると感じて反発する。戦前のロンドン海軍条約の時の帝国海軍艦隊派と同じです。中国の大軍拡が行くところまで行って、「もうそろそろ金がない」「こんなことに金使ってるなんて馬鹿らしい」と思うようになり、アメリカも本気になって米中間で一触即発、というところまで緊張が高まれば、両方とも核兵器国なのですから、かつての米ソ間のように信頼醸成、軍備管理軍縮協議が始まるでしょう。

危機を経験した方が対話は進む？

兼原　あれだけの核兵器を構えちゃうと、米中は最後、お互いに信頼醸成に入っていくしかなくなる。外部が何を言ったところで核兵器の増強はやり続けるので、「中国を刺激するな」という議論は、私はかえって有害だと思います。放っておいても大軍拡路線を走るのだから、「私たちも対抗するぞ」と言わないと中国は取り合ってくれない。そうすると緊張が高まり、一触即発になるから、最後は軍備管理軍縮協議をやるしかない、ということになる。そこでようやく協議をやり、台湾有事を巡る米中間のエスカレーションラダーの暗黙の了解に至り、核兵器配備の相互検証をやって、最低限の透明性を確保する。そうして冷戦中の米ソ間のように、冷たい平和が訪れて戦略的安定性が実現する。私は、行き着くところはこれしかないと思います。

太田　曖昧戦略の変更によって、むしろ緊張を高めて、互いにエスカレーションラダーの整備を確実に進めていった方がいい、ということですか？

兼原　米ソはそう進んだわけですよね。最終的にソ連を追い込んだのは、対ソ宥和政策ではなくてレーガンによるSDIだった。安全保障は力の論理で動きます。私は、米中もそっちに行くんじゃないかと思っています。もしくは中国が民主化するか。そしたらガラッと変わりますが。

太田　米ソが戦略的安定性を追求したのは、やはりクリティカルな事象、極限的な緊張状態に直面したからですよね。一つは1962年10月のキューバ危機です。ケネディ大統領（JFK）は戦争になる危険性を十分意識していた。一方でアメリカのインテリジエンス部門は、すでに100発以上の核弾頭がキューバ領内に搬入され、その一部が前線配備されていた実態を当時把握できていなかった。最終局面でフルシチョフが譲歩しなかったら、アメリカはキューバに対する空爆も辞さない構えだったわけですよね。もしもソ連側の譲歩がなく空爆、さらに陸上侵攻していたら、核戦争になっていた可能性が極めて高かった。米軍の本格攻撃を受けたキューバが窮余の一策として核使用を現地のソ連軍に求め、自制を求めるモスクワの意向を顧みずに現場の判断で核ミサイルを米軍に対して使う、という展開だってあったかもしれない。

ＪＦＫは危機の後、最側近のセオドア・ソレンセンに、戦争になり得た可能性は「３分の１から五分五分くらいだった」と告白しています。危機のクライマックスでＪＦＫは、司法長官だった弟のロバートに、キューバからの核撤去の代償にトルコに配備していたＮＡＴＯの準中距離弾道ミサイル・ジュピターを撤去するという裏合意を結ばせますが、もしソ連がこれを呑まなかったら、米軍がキューバに侵攻する可能性すらあった。ＪＦＫはキューバにミサイルを放置したままだと「自分は弾劾される」とまでロバートに語っていた。一歩間違えば、核戦争につながる非常に重大な緊張局面だったわけですよね。ああいった本格的な危機を乗り越えて、米ソはようやくあるべき戦略的な対話に向かっていった。歴史を振り返ると、そういうクリティカルな瞬間があってこそ、次なる危機管理のためのリスク削減、軍備管理対話という流れになっていく。だから、米中の場合もお互いに軍事力を増強していって、「やばいぞ」となってコミュニケートし始めるという仮説が成り立つならば、そうしたクリティカルな瞬間がいずれ必要になるということなのでしょうか。

兼原　それが台湾有事ですよね。キューバ危機の時のように、本当に戦争になりかねない可能性があるわけですから。

日中国交正常化の前提になっていた「台湾海峡の平和」

兼原　次に台湾有事と日本の立場について考えてみたいと思います。そもそも台湾は日本に近い。日本最西端の与那国島から１１０キロしか離れていない。東京から見たら熱海あたりの距離感です。台湾有事が発生したら、必ず戦闘に巻き込まれる。そうすると、集団的自衛権の行使要件にあたる存立危機事態か武力攻撃事態ということになる。朝鮮有事の際は、北朝鮮の対日ミサイル攻撃がない限り、日本の協力は対米軍後方支援に止まる蓋然性が高いと思いますが、台湾有事はそんな悠長な話ではなく、いきなり中台間の紛争に巻き込まれて武力行使、ということになる可能性が非常に高いです。

日米安保条約の第6条、いわゆる極東条項には、極東の安全のために米軍は日本の基地を使用する、と書いてあります。「極東」というのは一般的な地理的意味じゃなくて、具体的に韓国、台湾、フィリピンのことです。旧大日本帝国領と旧米国植民地で、戦後、西側の勢力圏に残った地域です。戦後しばらく、この地域は力の真空でした。1960年の安保改定で生まれた条項ですが、この時、米国は「日本の周辺地域は日本を拠点に守るぞ」と明言し、日本も「いいですよ。それは日本の安全のためですから」と答えて、これを認めた。その後、90年代の北朝鮮の核開発危機の際、制裁に反発した北朝鮮が武力行使に出るのではないかという話になり、小渕総理が周辺事態法を制定して周辺有事に際しての対米軍後方支援の仕組みを作った。2010年代には、安倍総理が平和安全法制によって集団的自衛権の部分的行使を容認した。日本周辺の地域安全保障に関して、日本は、岸総理の基地供与から、小渕総理の後方支援、そして安倍総理の共同武力行使へと、徐々に応分の負担を担おうとしてきました。それが日米安保の歴史だと思います。

今は台湾が新しい焦点になっています。50年代の2回の金門馬祖砲撃事件、90年代の台湾沖ミサイル発射事件に次いで4回目の台湾海峡危機ですが、今度は中国による台湾の侵略併合という話ですから、異次元です。

台湾に対する日本の立場を確認しておきたいと思います。日中国交正常化のときに、正統政府は中国であると私たちは認めた。中華人民共和国と中華民国という事実上二つの国家があって、双方が中国という国は一つ、我こそがその正統政府であると主張しているというのが現実です。英国のように香港の権益が気になって初めから北京を承認した西側の国もありますが、西側の国は皆、米国に倣って米国の勢力圏下にある台北を承認していました。その正統政府を台湾から北京へと入れ替えたわけです。それ以外の方法がなかったわけではありません。中国と台湾という二つの国家があるという前提に立てば、南北朝鮮や東西ドイツのように両方とも国連に入れて、両方と外交関係を結ぶということもできました。しかし、それは中国と台湾の双方が嫌がったのです。

但し、日中国交正常化は、台湾海峡の現状が平和裏に維持される、という前提あってのことです。私たちは、台湾が中国の領土の一部だと言ったことも、中国が台湾を一方的に武力併合することを認めたこともありません。

日本の立場を正確に申し上げると、日本は、サンフランシスコ平和条約で台湾を放棄しています。ただし、サンフランシスコ平和条約締結の経緯を振り返ると、日本はポツダム宣言を受諾しており、その第８項に「カイロ宣言は履行されるべく」と書いてある。

カイロ宣言を見てみると、連合国である英米中の戦争の「目的は、（中略）台湾及び澎湖列島の如き日本国が清国より盗取したる一切の地域を中華民国に返還することにあり」と書いてある。だから国交正常化の際の日中共同声明には「中華人民共和国政府は、台湾が中華人民共和国の領土の不可分の一部であることを重ねて表明する。日本国政府は、この中華人民共和国の立場を十分理解し、尊重し、ポツダム宣言第8項に基づく立場を堅持する」と書いたわけです。日本は、サンフランシスコ平和条約で既に放棄した台湾を中国の物だということはできないが、カイロで蔣介石とルーズベルトとチャーチルが中国に返すと言っていた経緯があるから、中国の立場を尊重すると言っているだけなのです。

台湾問題は、冷戦の文脈で、当然、国内政治問題化しました。法的問題ではなく、東西対立を背景とした安全保障問題でした。日本社会党を始めとして野党は、日中国交正常化以降、台湾問題は中国の国内問題であり、日米安保条約第6条における「極東」の範囲から外すべきだという主張でした。中国の利益を代弁していたわけです。

実務家として日中共同声明作成を直接担当した栗山尚一外務次官（当時条約局〔現・国際法局〕条約課長）は、退官後の1999年、『早稲田法学』（第74巻4号）に「日中国交正常化」と題した詳細な解説を残されています。栗山次官によると、日中国交正常化後の政府の統一見解は、「中華人民共和国政府と台湾との間の対立の問題は、基本的には（傍線、栗山）中国の国内問題であると考えます。わが国としてはこの問題が当事者間で平和的に解決されることを希望するものであり、かつこの問題が武力紛争に発展する可能性はないと考えております」（大平外相の答弁）というものであるとされ、この「基本的には」とは、台湾海峡問題が平和的に解決される限りという意味であり、武力行使が行われれば、その時は最早、台湾問題は国内問題ではないと明確に記されています。

この栗山論文が執筆されたのは、日米防衛ガイドラインが改訂され、先に述べた周辺事態法が制定された頃です。またしても野党側から、周辺事態に台湾は入らないと明言せよという圧力がかかったからだと思います。当時、外務省内にさえ野党の意見に同調すべしという意見もあった。後日、小渕内閣で外務大臣を務められ、「スーパー政府委員」の異名をとった高村正彦外務大臣は、「頑として撥ねつけてやったよ」と言って笑っておられましたが。

中距離ミサイル配備は認めるのか

兼原　このような日本の立場は、しっかりと認識しておく必要があります。私はもう政府を離れてしまいましたが、今の政府の立場を推し量れば、北京の立場は尊重するけれど武力による台湾統一は決して呑めない。仮に中国が武力統一に踏み切る場合、米国が台湾防衛に乗り出して、安保条約第6条に基づいて米軍は日本の基地を使い、日本は米国を後方支援するだろう。集団的自衛権行使にも踏み切るかもしれない。だからその準備をしておかなければならない、ということになると思います。

台湾有事になれば、中国は先島諸島を戦闘区域に含めるでしょう。防衛の任に当たっている陸上自衛隊の基地を攻撃して無力化しようとしたり、最悪、上陸してくるかもしれない。場合によっては沖縄本島の米軍の嘉手納基地、自衛隊の那覇基地、さらには九州の航空自衛隊の基地（築城、新田原）も攻撃してくるかもしれません。米中は核戦争にまでは進まないでしょうから、途中で和平が成立した時に、中国軍が先島諸島を占領していれば、先島諸島は取られてしまう可能性もある。そうさせないためにどうするか。

米国は、どの時点で核攻撃に言及して、中国と和平に持ち込むのか。日本側としても、よく考えておく必要があります。

中国の方は逆に、核の脅威をちらつかせながら、「米軍基地を使わせるな」「あらゆる手段を使って日本に報復するぞ」と言ってくるでしょう。「あらゆる手段」には核兵器を含むと考えるのが常識です。想定されるこうした事態に日本はどう対応すべきなのか。従来のように、「アメリカさん、核についてはは信頼してますから、ひとつよろしくお願いします」だけでいいのか。

具体的には、二つ問題があります。一つが海洋核の扱いです。アメリカの原子力潜水艦は戦略核ミサイルのトライデントの他に、小型の海洋核を積み始めています。小型海洋核は将来、攻撃型潜水艦に積まれるかもしれない。それが日本に立ち寄った時にどうするのか。アメリカは核に関してはＮＣＮＤ（肯定も否定もしない）を貫いていますが、日本は、冷戦中のように、「事前協議がない以上、核はないはずだ」と強弁して見て見ないふりを続けるのか。民主党政権当時の岡田克也外相は、有事の核持ち込みについて国会で「時の内閣が認め得る」との発言をしました。「核兵器を作らず、持たず、持ち込ませず」という「非核三原則」は事実上、「持ち込ませず」が形骸化して非核二原則になっていますが、今後も公的に非核三原則を続けるのか。

もう一つは、すでにアメリカでそういう議論が出ていますが、核／非核両用の陸上発射中距離ミサイルを日本に配備するのかどうか、です。さきほど番匠さんの議論にもありましたが、東アジアでは中距離ミサイルの配備状況に著しい不均衡があります。中国2000発に対して日米同盟はゼロ。この不均衡は速やかに解消しなければなりません。問題は、配備され得る米国の中距離ミサイルは、核弾頭の搭載が可能となるだろうことです。つまり、事実上日本に核戦力が配備される。実際に置くということになったら、国内政治の上で相当に揉めるとは思いますが、対応を真剣に考えないといけない。陸上配備核の場合、ターゲティングやタイミングなどについて、日本としても核協議を求める権利がある。それは国民に対する政府の義務となり、国民への説明責任も生じます。

ソ連がSS－20という中距離ミサイルの東欧配備をすすめた時、西ドイツは左派の社民党（SPD）政権でしたが、当時のヘルムート・シュミット首相は真剣に核協議に取り組みました。英仏の核はありましたが、「ドイツにはない。冷戦の最前線にいて、一番、撃たれる可能性があるのは非核兵器国のドイツである」と主張し、ワルシャワ条約機構との軍縮交渉とNATOによる中距離核ミサイル（パーシングⅡ）の配備を同時に進めるという「ＮＡＴＯ二重決定」を結実させました。パーシングⅡの配備を梃子《てこ》にして、ソ連にＳＳ－20の配備を止めさせた。

番匠さんが仰ったように、現在の東アジアの状況はＩＮＦ条約の前の欧州に似ています。日本はシュミット首相時代のドイツのように、国の存亡を懸けたギリギリの交渉をせねばなりません。そういう時代になっているのだと思います。

アメリカの核戦略にもの申したいなら人を出せ

高見澤　いま話を聞きながら、「また同じ議論をしているな」という感じがしました。日本がミサイル防衛を始めたときに、中国は「それは困る」「地域の安定を損なう」という話をしていました。中国は当時、日本が射程に入るＤＦ－21を配備していたわけですが、日本が防御的な兵器システムを配備するのに困るということは、平素から日本を攻撃目標とするターゲティングがよくできているということであり、その優位性が失われるのが困るということだろうな、という話を当時していました。

台湾有事への対応に関しては、南西諸島も含めてまだまだ対応できていないところがあるので、情報・警戒・監視能力の強化やミサイルギャップの解消も含めて通常兵器での対応をまず高めていく。同時に軍事力でない部分での抑止的能力、拒否的能力を高めることを並行してやっていく。抑止的能力としては、日本と台湾の間で政治・経済・軍事・教育などあらゆる分野での交流を促進することではないか。特に台湾の重要性に関する認識を高めることが大切です。拒否的能力というのは、中国が繰り出す一連の圧力、いわゆる世論戦に対する抵抗力を高めることなどが考えられます。いくら軍事能力を高めても世論がしっかりしないと抑止力も拒否力も危ういものになりますし、経済安全保障という観点からすれば、企業や個人も含めてオールジャパンで対応しなければならない。そこが大前提になるという感じがいたします。

ＮＣＮＤ政策について言うと、私自身は正直いろんなオプションが必要になるのかなという感じがしています。ある一つの政策があったとして、実際には国会での対応とか世論の流れとかの相乗効果で、結局リーダーがそれに合わせるようなラインに辿り着いてしまうという傾向が日本では強い。だから、それぞれのオプションについて政策的なツールセットなり、意思決定メカニズムなり、アメリカとの協議メカニズムなりを普段から確保しておくのが良いのではないか。事が起こってからでは十分な判断材料が提供できないし、急ごしらえの材料で判断すれば世論に流されるでしょう。米国や関係国との連絡をいきなりしようとしても、うまくいきません。普段からの体制作りとして、アメリカの核政策を担当している部門やオペレーションを担当している部門を含めて様々な分野に日本から人を出せるような関係を構築するという枠組みも必要ではないか。さっき言った四つの共有（リスク、計画、情報、人）の中で一番欠けている部分が人ですから、政策的な議論と並行して仕組み作りも考えておかないと。

兼原さんの問題提起が非常に難しい、というか日本で正面から議論したら大事になりそうなので、それを避けたような答えになっていますけれども、私自身はより緊密な関係の構築から入らないとなかなか、「俺たちはこうするからアメリカもこうしてくれ」みたいなことは言えない感じがするんですね。

兼原　政治が逃げ回ってきたんですよ。さっき太田さんが言われたように、この問題は国民にある程度コンセンサスがないと動かないですが、政治はこの議論をずっと避けてきた。プロが内輪で議論すると抑止をどうするかという現実的な話になりますが、そこから一歩出ると核廃絶の理想論になってしまい、両者の間に接点がない。国民は、現実的な核抑止論なんて聞いたこともない、ということになってしまう。

外務省の中でも軍縮系と安保系はきれいに分かれています。外務省の安全保障担当課長は、北米局の日米安全保障条約課長、総合外交政策局の安全保障政策課長、軍縮不拡散・科学部の軍備管理軍縮課長がいます。私が日米安全保障条約課長のときに、他の二人が同期だったので、3人で集まる安保三課長会議を作ったんですが、なかなか話が嚙み合いませんでした（笑）。

自衛隊が南西諸島に部隊を配する理由

番匠　台湾有事に関する日本の立場を、軍事的な観点から申し上げたいと思います。冒頭でも言及したように、日本の防衛はずっと北向きでしたが、ここ十数年は南に関心を向けるようになってきました。資源は限られているので、どこかに重点形成をしなければいけませんが、それが昔はソ連、つまり北だった。ところが北朝鮮の核ミサイル脅威や中国の問題を考えると、南のほうを何とかしなきゃいけない、ということになった。沖縄本島には米軍基地があり、自衛隊がいますけれども、沖縄から九州までの600キロ、沖縄本島から与那国島までの500キロに、一部レーダーサイトなど海空の施設はありますが、実力部隊は一切の配備がなかった。戦略的には空白域だったんです。

　しかし、軍事的に見れば、私は「逆Ａ２／ＡＤ」を推進すべきだと思っていました。中国が言うＡ２／ＡＤでは、第一列島線、第二列島線に敵を近づけない。我々の側から見たら、中国を東シナ海など第一列島線の中に封じ込めて、南西諸島のエリアラインは絶対に取らせない。それによって、中国の進出をなんとしても食い止める。九州南端から与那国島までの距離は約１２００キロ。これは、ほとんど本州の長さ（青森県と山口県との直線距離）に相当する距離です。そこに大隅海峡、奄美の北の横当水道、沖縄と宮古島の間の宮古海峡、与那国水道と、中国が公言している太平洋への出口がいくつも開いている。ここには潜水艦も通るし、軍艦や海空軍の航空機も通るわけです。これをどうやって封じ込めるか。だから近年、我々は部隊を置いてきたわけです。与那国島に２０１６年に置き、続いて19年に宮古島と奄美大島に、そして石垣島にも部隊の配置をすめています。沖縄本島の強化も含めて、南西諸島については対艦ミサイルとか防空システム、あるいは初動を担任する警備部隊の配備によって、南西に壁を作るということをやってきました。

　では、自衛隊として台湾をどう見ていたかということですが、オフィシャルには台湾との交流はなかなか難しいところがある。それでも片目をつぶりながらメッセージを発してはきました。私たちが置いている先島諸島の部隊は、台湾の抑止力にもなるよ、と。先ほど兼原さんが仰ったように、台湾と与那国島の間は110キロしかありません。ジェット機による戦闘を想定したら、これは同じ作戦地域です。10年までADIZ（防空識別圏）も与那国のど真ん中を通っていましたからね。そういう意味では台湾有事はすぐに日本有事になるので、まさに日本有事の感覚で台湾を見ていました。

では、我々は何ができるのか。平時にはしっかりと警戒監視をし、手出しをさせない態勢を取っておくということがありますし、情勢がおかしくなってきたら重要影響事態や存立危機事態の認定を受け、在留邦人の退避活動や米軍に対する後方支援を含めた対応行動を開始する。沖縄の米軍基地もあれば日米の共同使用施設もありますから、ロジスティックサポートとか捜索救難など法律に基づいた様々な支援ができる。有事になったら、台湾に直接軍事的に関与するのはさすがにハードルがありますけれど、安保法制によって相当のことができるようになっていると思います。

危機の際の対話の枠組みを準備しておく

番匠　ただ、日本、台湾、アメリカの三角形をイメージしたときに、私は三つの問題があると思います。

この三角形のうち、日本とアメリカには日米同盟がある。台湾とアメリカにも台湾関係法がある。しかし日本と台湾の間には、政治外交上も軍事的にもオフィシャルな関係が存在しない。次に、台湾有事に関する日本とアメリカの連携も、まだ本気で考えられていないのではないか。三つ目に、台湾有事に対する日米台の連携もまだまだで、トラックⅡ（政府レベルではない、準公的な関係者による交流）ぐらいしかできていません。

そろそろ日本もアメリカの台湾関係法のような枠組み、または日米台の間でのオフィシャルなダイアログの枠組みを作るべきではないか。そうすると、お互いの共通認識ができますよね。事態認識や戦略目標を一致させれば、誰が何をすべきかといった役割分担の話もでき、計画も作れる。軍隊は法的根拠と計画がないと動けません。計画に基づいて訓練をし、段取りをし、調整をして、初めて動く組織ですから。ハードとソフトの体制を作ることがメッセージになります。それによって、「これは手出しできないな」と思わせることができるようになります。

太田　やはり大事なのは政治、外交力だと思うんですよね。今の議論は重要だし、日米ないしは日米台でも台湾有事を現実的に議論していかなくてはならない時期なのかもしれません。在留邦人退避など危機への備えも必要ですし、核を持たない日本も通常戦力によって抑止力を確実なものとしていく努力はしていかなければならないと思います。ただ、大事なことは政治指導者がそれをどうやって国民に理解してもらうか。また外交的な意思疎通において稚拙なやり方をすれば、中国国内のタカ派を刺激し、いたずらに軍拡競争を促進することになりかねない。軍事的な緊張局面を迎えた際に、誤信や誤認による軍事衝突を回避する意思疎通の確実なチャンネルも必要になってくる。そうしたバックアップ機能を担保できるのは、首脳を含めた政治レベルの対話しかない。

私はかねて、アメリカ大統領や中国のトップとも核の話を対等に議論できる総理が出てこなくてはならないと思ってきました。もちろん、それは目の前の核リスクを削減し、核軍縮・核廃絶へ向けた道筋を志向する被爆国の責務を果たすためです。一方で、将来、仮に有事になった場合、アメリカがSLBMトライデントを搭載した戦略原子力潜水艦をあえて可視化させる目的で日本の港湾、例えば横須賀なり佐世保なりに寄港させる選択肢を検討する可能性もゼロではない。

兼原　戦略核を搭載した原潜が日本に入ったことはないですよね。

太田　ないですが、イギリスでは近年、可視化する形で米戦略原潜を入港させる動きがありました。だから、そうなった場合の対応は日本政府としても従前からきちんと考えておかなければならない。

日米核密約の存在を認めた岡田克也外相は２０１０年、「アメリカの核搭載艦船の一時寄港を認めなければ日本の安全を守れない事態が発生すれば、その時の政権が命運を懸けて決断する」と発言しました。ただ当時は、一時寄港の選択肢が現実的でなかったことから、この問題を事実上先送りしました。それから10年以上、その議論は等閑に付されてきた。私は日本への核兵器持ち込みは不要だと思いますし、むしろ反対の立場ですが、政治指導者が有事を見据えるなら、この問題からも逃げずに、岡田氏が言うところの「決断」が何たるものか、自らの論理と言葉で国民に説明できる頭の体操だけはしておく必要があるのかも知れない。日本の政治指導者の主体的判断がないまま、また、アメリカの思い描くエスカレーションラダーの内実とそのリスクに対する十分な理解がないまま、ただアメリカの判断に引きずられる格好で国家の命運を左右する危機を増幅させることだけは避けなくてはならないと思います。

政策的な議論をしない政治家たち

兼原　太田さんの話に関して二つほど。一つは、核の話は我々日本人だけではとてもできない、ということです。実際に核を持っているのは米中ですから。しかし、台湾有事は日本も大いに関わるので、番匠さんが言われたように日米台、それと有事には協力が期待できるオーストラリアも含めて話し合い、それを中国へぶつけるという形を作らないといけない。日本単独では何もできません。ちなみに左翼政権の韓国は、台湾有事にはなかなか協力を期待できないと思いますので、台湾有事にコミットしてくるまでは入れる必要はない。

もう一つは、日本には安全保障問題でリーダーシップを取れる政治指導者を育てるエコシステムがないことです。日本は10年前まで圧倒的に官僚主導でした。それが安倍政権の時にがらりと変わりましたが、これは安倍さんが2回目の政権で、彼を支えるチームがどっと政権に入り込んだからです。麻生副総理も総理経験者でした。安倍・麻生コンビのような指導者がちょくちょく出てくるとは思えない。

今の自民党の仕組みは、基本は古い派閥政治のままです。それが壊れつつありますが、壊れた後にリーダーたる政治家たちが政策能力を磨くようなエコシステムがあるかと言えば、ない。古い派閥政治の後に何か新しいガバナンスの仕組みが自民党内に生まれるとして、それを早く作らないといけない。

今ここで我々がやっているような政策的な議論を、政治家はぜんぜん国民に言わないですよね。冷戦中は、経済成長の果実である税金を国民にバラまいて、世論が荒れるような安全保障問題には沈黙を守り、選挙に勝ってきたわけですが、中国が大軍拡に踏み切り、財政がかつかつになった今の時代には、そんなやり方はもう続けられない。危機のレベルも「知りませんでした」で済ませられるようなものではなくなりつつある。台湾有事の際に「想定外」なんて言ったら国民が怒りますよ。おそらく今後、かつての政策新人類みたいな安保政策新人類が出てきて、平易な言葉で説明をし始めるでしょう。その先に安保政策形成のエコシステムが与党内にできればいいですが。

太田　それでも、先程から議論になっているＮＣＮＤの問題を日米でどうするかという話と、中距離ミサイルを日本に置くべきか否かという争点は、ものすごく大きな問題なので、新しいエコシステムを構築する前に、今の仕組みの中でも国民に対して丁寧で分かりやすい説明を尽くす必要はあると思いますが……。そうでなければ、国の進める安全保障政策に対する国民の信がいつまでたっても確立できない。

兼原　これまでの実態を言えば、核を巡る現実的な議論を政権が展開しようものなら、その政権は「即死」していたはずです。だから、議論しないということが、政権にとっては合理的な選択だった。そもそも官僚主導が廃れて、政治主導が復権し、政治と国民とのコミュニケーションが本当に機能し始めたのはこの10年ですよ。太田さんのおっしゃる通り、そのコミュニケーションの中に、核の議論も入れていかなきゃいけない。核の問題は、国民に対して最終責任を取る最高指導者の問題であって、専門家の狭い箱に閉じ込めておいていい問題ではない。

髙見澤　太田さんの仰っていることは非常に正しいと思います。抑止のメカニズムについてもちゃんと説明すべきだし、日米の拡大抑止協議の話もある程度は明らかにした方がいい。

ただ、一方で話があまりにも専門的になりすぎると、そもそも議論にならなくなるかも知れない。だったら、日本としてどういう枠組み、態勢、能力を構築すればいいかということについて、ある程度事前にイメージを固めて、A案、B案、C案ぐらいの選択肢に落とし込むということが現実的かも知れない。政権が「案はこれしかありません」と言ってただ一つの選択肢を提示し、後付けの理屈を述べる、というようなことではなく。

２０１５年の平和安全法制のときには、世界が大きく変わって伝統的な法解釈では持たなくなったという認識と危機感を、政治家が表にしました。世論は見事に割れましたが、国民世論を巻き込んだ議論には確かにつながりました。そういう心の叫びのような文書も、政治家は作らないといけないのではないか。そんなことを言ったって、与野党の差が激しすぎるという見方が普通かもしれませんが、その差について具体的に議論していくしかない。その結果、例外を除けば思ったほどではないということになるのではないかという気がします。

兼原　ほとんど世代の差しかないですよね。

総理にお仕えした立場から見ると、リーダーの価値というのは「普通の人」であることにあるように思います。最初から総理の心得がある人なんて、麻生さんくらいです(笑)。政府部内の専門的な話を「普通のおじさんやおばさん」として聞いて、感じ、考えたことを、普通の言葉でしゃべって発信するということは、政治家にしかできません。

一方で政治家は、「選挙に落ちたらただの人」で、自分のクビがかかっていますから、世論の波が来ないと乗ろうとしない。自分から平地に波を起こすような大胆な人は実はほとんどいない。水面下でパチャパチャとアヒルの水かきをやるのは役人の仕事で、それを世論の波に育てるのはジャーナリズムです。議論が多少雑駁でも、大きな波が来れば、志のある政治家は乗る。政治家は世論のサーファーです。そうして初めて国民的な議論が進みます。核の議論もこの政治の波に乗せないと、いつまでも安保系の専門家と反核ロビーが交わらず、不毛な対立だけが続いていくという状況が変わらない。

中距離ミサイルのギャップをどう埋めるか

番匠　先ほど兼原さんからご提示のあったＩＮＦの導入問題ですが、最近アメリカからも幾つかのメッセージがありますよね。２０１９年８月にはエスパー前国防長官が中距離ミサイルをアジアに置きたいと発言し、最近はリチャード・ローレス元国防副次官が、ポストＩＮＦでは日本とのシェアードユースもありうると言っています。髙見澤さんと私が現役の頃は、日本が射程の長いミサイルを持つことにはなかなか理解が得られず、正面から議論することすら難しかったことを思うと、だいぶ時代は変わって来たように思います。

髙見澤　「瓶の蓋」的な話がまだまだありましたよね（「日米安保条約は日本の軍拡を防ぐための瓶の蓋である」とする説）。

番匠　ありました。ところが気がついてみたら、ICBM、IRBM、MRBM、SRBMを日本の周りは全部持っているのですね。中国も、ロシアも、北朝鮮ですら持ちだした。ところが日本はゼロです。我々が持っているのは短刀か果物ナイフぐらいで、いま世界で最も厳しい環境にある日本を含めたこの地域で、日本の能力と役割がこの程度でいいのだろうかとは思うんですね。

ポストINFで、アメリカは着々と努力をしています。通常は潜水艦ないしは水上艦艇から発射される巡航ミサイルのトマホークを地上発射型にしたり、様々な巡航ミサイルや弾道ミサイルによる打撃システムの研究開発を進めており、中国と大きく差がついたミサイルギャップを急いで埋めようとしています。

では日本には何ができるのか。一つには、自衛隊の装備の射程を長くすること。これはもう進んでいますけれども、空自のスタンドオフミサイル（相手の対空ミサイルの射程圏外から撃つことのできる射程の長いミサイル）の配備とか、あるいは陸自が持とうとしている高速滑空弾などですね。ＳＳＭ（地対艦ミサイル）の射程延伸の話も予算が付きましたから、そういう槍を長くしていくということが努力の一つとしてある、と。

もう一つ、私はアメリカと一緒になって、アメリカの中距離ミサイルを日本に置くことの是非について、国民に正直に問いかけるべきだと思います。確かに微妙なテーマで、配備されるミサイルは核でも非核でも使えるデュアルユースのものになるんだろうと思う。核の持ち込みについてはまた議論するとして、取りあえず非核のものについては日本に入れるべきだということを率直に国民に訴えるべきだと思います。

最近は日米の共同演習でも、アメリカはＡＴＡＣＭＳ（陸軍戦術ミサイルシステム）のような比較的射程の長いものを日本に持ち込むということをやり始めました。そういう戦術的な地対地ミサイルなど従来より射程の長いものを日本国内に置くということは、大きなメッセージになると思います。

いずれにしても、我々自身も射程の長いものを持つということをタブーにするべきではない。長射程のミサイル能力を保有することは、敵基地攻撃の是非とか専守防衛の議論にも発展するので、そこも正直に議論して頂く。長いものもツールとして同盟国としっかり連携して活用していくということが必要じゃないかと思います。

髙見澤　私はよく理想的な案からギリギリ最低限のものまで考えておくべきだ、「松竹梅」と「杉」だって言っています。先ほどのA案、B案、C案ということで言えば、例えばミサイルを配置した体系について何種類かの具体案を検討し、考慮要素を明確にした上で、ここにはこういうメリットがある、ここにはこういうデメリットがある、という議論をしておくべきだと思います。議論がなかなか収斂しない時でも、何とか立っていける案、いずれ時期が来れば修正や改善ができるような案も用意しておきたい。世論の反応も分からないところがあるので、三本の柱で立てるようなオプションを出しておいて、その幅の中で率直に訴えていくというようなやり方が必要じゃないかと思います。

第3章　北朝鮮の核

兼原　次は北朝鮮の核兵器に対する核抑止を考えていきたいと思います。

北朝鮮が核兵器に固執する理由として、一つには圧倒的な通常兵器を擁する米韓軍に対する最後の拠りどころ、ということがあると思いますが、実は同盟国である中国への牽制もある。北朝鮮は中国が嫌いです。朝鮮民族は、統一新羅以来、一貫して中国王朝に服属した高位の朝貢国です。しかし、しょっちゅう中原の中国王朝と北方の騎馬民族王朝に挟まれて痛い目に遭ってきた。朝鮮半島は中国に近すぎて、中国は朝鮮が大きな軍勢を持つことを嫌いますから、朝鮮民族は剝き身の貝のような状態で生き延びねばならない。ですから、彼らは二股外交に長《た》けています。北朝鮮も、中ソが対立している間は、主体外交を唱えて上手く中国とソ連の間を泳いできましたが、最近はロシアの国力が落ちてきたので、「中国の重圧が怖い」というのもあるんじゃないかと思います。

19世紀以降、日米欧といった中国の敵は海から来ました。中国から見ると、渤海湾を囲む山東半島、遼東半島、その先の朝鮮半島は、東京湾を囲んでいる房総半島、三浦半島、その先の伊豆半島みたいな感じだと思います。北洋大臣だった李鴻章はそう考えていたと思います。北京から渤海湾に面した天津まで１００キロしかない。アロー号事件のとき、英仏軍は天津から入って北京を蹂躙した。地図を見れば分かりますが、山東半島の先端の延長上に、南北の停戦ラインが走っている。毛沢東は、巨大な犠牲を払って朝鮮半島の北半分を取り返した。中国から見たら、新羅統一から日清戦争まで千数百年、自分の勢力圏に置いていた朝鮮半島は絶対に渡せないところなんです。

中国は、北朝鮮が核を放棄して日米側に転げ込んで、お金をもらっていい子になるなんてことを許すはずがない。中国は北朝鮮の核は怖くない。そうすると、北朝鮮の核問題は解決しないことが中国の地政学的な利益であるということになる。

では、北朝鮮はなぜ米国を挑発するのか。核は黙って持っていれば、それで十分怖いわけです。実際イスラエルはそうしている。これ見よがしに核実験をやって騒ぎ回るのは、中国の重圧をかわすため、アメリカにかまってほしいからです。北朝鮮は得意の二股外交で、米中の間を泳ごうとしている。彼らはその外交に誇りを持っている。だから、これからも挑発を繰り返すでしょう。あんまり明るくない見通しですが。

これは番匠さんにお伺いしたいんですが、北朝鮮の核の弾頭数とかミサイルの実力をどう評価するか。私たちのミサイル防衛の実力で北朝鮮の核ミサイルを本当に止められるのか。私は、北朝鮮の技術がどんどん向上する中で、それは難しいと思っています。

北の核をどう見るかという点について、まず高見澤さんからお願いします。

三つの「弱者の戦法」

高見澤　北朝鮮の核の話はもう30年続いていますが、これまでの流れの中で、核を持たせないというシナリオがありえたのか、そうではなかったのか、私自身も問うています。最初の危機を契機にできた１９９４年の米朝枠組み合意、それによって発足した朝鮮半島エネルギー開発機構（ＫＥＤＯ）とは何だったのか。結局、北朝鮮は国際社会に騙《だま》されたと言いながら我々を騙し続けて核開発や弾道ミサイルの増強と多様化に猛進し、現在に至っています。
枠組み合意の後ですが、97年にハワイで核問題の専門家、朝鮮半島問題の専門家が集まって様々な議論が行われました。その中で北朝鮮が究極的に核を放棄する可能性があるかどうかについて全員にアンケートが行われました。意見は真っ二つに割れました。基本的な問題にこれだけ意見が分かれる対象に、参加者の一人として、いったいどういう政策を立てられるんだろうなと思った記憶があります。

北朝鮮は、核を諦めたリビアのケース、レジームチェンジになってしまった経緯なども意識しているでしょう。結局、核を諦めた者は悲惨な目に遭っており、核保有を継続しないと生き残れないと考えていると思います。

２０２２年は日朝平壌宣言から20年です。状況は大きく変わっていますけれども、やはり三つの正面で頑張っていくしかない。つまり北朝鮮の攻撃を抑止・阻止するための防衛力整備などの充実、北朝鮮の核と弾道ミサイルの廃棄の追求、それから日米、日米韓、有志国、国際社会における戦略的な協力関係の構築です。これには軍事だけでなく、拉致問題や経済的な側面も含まれます。

北朝鮮による軍事的な挑発は今後もあると思いますが、こちらがしっかり態勢を構築しておく必要があります。ただ、その内容は北朝鮮なりにかなり計算された、より緻密化された挑発という感じになるのではないかなという印象を持っています。

番匠　北朝鮮と韓国のＤＭＺ（軍事境界線）は約２４８キロあります。世界で一番軍事密度の高い状態で両軍が対峙しているという構造は、朝鮮戦争以来約70年間変わりません。軍事力を比較したとき、量は北朝鮮のほうが多い、質は南のほうが高いと言われてきましたけれども、韓国は最近では防衛費も日本を抜こうというぐらいに増やしてきている。もちろん近代化も進めていますから、それに比べて北朝鮮の軍の通常戦力における劣勢は明らかで、北朝鮮も当然それを意識しているのだろうと思います。

北朝鮮は「弱者の戦法」として三つのことに力を入れていると思われます。一つは核・ミサイル開発。二つ目がサイバー戦などの新しい技術。三つ目が特殊部隊です。世界で一番たくさん特殊部隊を持っているのは北朝鮮だと言われています。いずれも大量の通常兵力を抱えておくよりは費用対効果が良い方法だと認識しているのではないか。

核ミサイルの系列でいえば、北朝鮮は全部持っているんですね。戦略ミサイルのＩＣＢＭと、射程５５００キロから５５００キロまでのＩＲＢＭ、ＭＲＢＭ、ＳＲＢＭ、そして射程５００キロ以下の戦術ミサイルに至るまで、すべて備えている。しかも、その能力のレベルも非常に上がってきて、２０１７年11月に発射した火星15号は50分以上飛翔しましたから、通常軌道であればワシントン、ニューヨークなどアメリカの東海岸まで届くＩＣＢＭを成功させたと言われています。

特に、スカッド系列とかムスダンといった戦域レベルの中距離弾道ミサイルはほぼ実戦配備を完了していて、これは日本が完全に射程に入っている。実際、私が現役で勤務している頃には北朝鮮が日本の上空を越えてミサイルを飛ばすというようなこともありましたので、そういう意味では彼らのミサイル能力の向上は決して侮れない。

最近は技術が進歩して、固体燃料を使うようになってきています。エンジンの改良も進んでいる。最近はほとんど失敗しなくなってきており、正確性、あるいは秘匿性も上がりました。これらのミサイルは、ＴＥＬと言われる発射台付きの車両に積載して運べますから機動性や秘匿性も高く、第１撃に対して強い抗堪性を持つことになります（注：北朝鮮は２０２１年9月16日と22年1月15日、鉄道発射式のミサイル発射実験の映像を、21年10月19日には潜水艦発射弾道ミサイルとする発射実験の映像を公開した）。

実は世界で一番大きなＴＥＬは従来、中国とロシアが持っている8軸16輪（8×16）のものとされていました。ところが最近、北朝鮮は9軸（9×18）の「火星15号」を発射し、２０２０年10月のパレードでは火星17号、これはまだ撃っていませんけれども、これのＴＥＬは11軸でした。世界最大のＴＥＬを持っているのは北朝鮮であり、この能力は決して侮ってはいけないし、しっかりと注意して行かなければいけない。もう、こけおどしでも張り子の虎でもない時代になってきているということです。

そして、これに関連して懸念されるのは弾頭に何を積むかということですが、これも皆さんご承知の通り、核実験は２００6年10月に第1回目、まだ金正日《キムジョンイル》が生きているときに行われて、今まで6回行われていると思いますが、最初の5回は原爆だったんだろうと言われています。しかし、２０１7年9月に行われた第6回目の核実験の威力は、防衛省の公表した見解では１６０キロトン程度ではないかと言われて、これは原爆以上水爆未満。原爆ではないのではないかとも言われています。それから核兵器を弾頭に積むための小型化についての実験だとすれば、能力も相当上がってきていることが分かる。核弾頭も30～40発程度保有しているとの分析があります（SIPRI Yearbook 2020）。

総合して考えると、北朝鮮はすでに「弱者の戦法」の方向にかなり舵を切っている。トータルとしてはなかなか勝ち目がないので、核・サイバー・特殊部隊、特に核・ミサイル開発に努力を集中し国の威信をかけてそれを進めていると考えられます。

一方、我々にとって心配なのは、北朝鮮の行動を「果たして計算できるのか」というところです。金正恩体制の不可測性ですよね。軍備管理とか軍縮の世界の常識が通じないかも知れない、リーダーの鶴の一声によってとんでもないことになるかもしれない。そういう危うさを持つ存在が日本の近くにあるということだろうと思います。

最近、我が国もミサイル発射に伴う国内の危機管理体制を整備し、内閣官房のポータルサイトやＪアラートで警報を鳴らすといったことは行われてきていますけれども、日本にとって差し迫った直接的な脅威は北朝鮮だし、彼らが核兵器を実戦配備しようとしていることについての危機感は持つべきだと思います。

北朝鮮危機のターニングポイント

太田　２０１７年末から2年ほどの間、米朝交渉に直接関与してきた元高官らへの聞き取りを行いました。アメリカのペリー元国防長官やロバート・ガルーチ元国務次官補、クリストファー・ヒル元国務次官補、さらにジョエル・ウィット、ロバート・カーリンら米朝交渉の最前線にいた人たちです。聞き取りの内容を振り返ると、いくつか重要なターニングポイントがあったのだな、とつくづく実感します。
一つ目は１９９４年からの数年間です。最初の核危機を受けて米朝枠組み合意が成立、しかし北朝鮮が秘密裏に進めていたウラン濃縮の問題が浮上して2002年秋に当時のジェームズ・ケリー国務次官補が訪朝し、枠組み合意が崩壊するまでの間。この時期の北朝鮮はプルトニウムを生成したのみの状態で、交渉の進展次第では核開発の動きを封じ込める外交が可能だったかも知れない。01年に誕生したブッシュ・ジュニア政権は当初、北朝鮮とはまともに話し合いをする気はなかったと思います。「9・11」後の対テロ戦争、さらに03年開戦のイラク戦争の準備で手一杯という事情もあり、米朝交渉の機運は高まらなかった。この時期に外交解決を目指した対話が進まなかったことで、核放棄の外交的な機会がまず失われた。欠陥が多いと指摘される米朝枠組み合意であり、北朝鮮が極秘にウラン濃縮計画を進めたことも大問題でしたが、それでもまだ、外交による核問題解決は十分可能だったと考えます。

二つ目は、2005年9月の六者会合共同声明。ここで米朝を含む関係6カ国は「朝鮮半島の検証可能な非核化」というゴールを明確に再確認しました。さらに北朝鮮は、「すべての核兵器及び既存の核計画を放棄すること、並びに、核兵器不拡散条約（NPT）及びIAEA保障措置に早期に復帰する」と約束しました。一方のアメリカも「北朝鮮に対して核兵器又は通常兵器による攻撃又は侵略を行う意図を有しない」ことを確認しました。アメリカのヒル国務次官補が北朝鮮の金桂冠《キムゲグァン》外務次官らと北京でこの合意をまとめているさなか、ワシントンでは北朝鮮に対して強硬姿勢を取る政策担当者たちがマカオの銀行「バンコ・デルタ・アジア（ＢＤＡ）」に対する金融制裁を発動します。これによってこの銀行に預けられた北朝鮮の資金が凍結され、金氏ら北朝鮮代表団は怒り狂う。金融は国家の血流であり、それを止めることは国家の死をも意味する、と。凍結されたのは、たかだか日本円で25億円程度です。だが、このアメリカの二股的なやり方に北朝鮮は不信感を強め、共同声明を履行せず、06年10月に初の核実験を強行します。05年9月の共同声明で芽生えた外交解決の機運を逃し、核保有の証と言える核実験という帰結を招いたことは悔やんでも悔やみきれない。もちろん「北朝鮮は共同声明で合意しながら、舌の根も乾かぬうちに核実験に歩を進め、ＢＤＡに対する金融制裁を体のいい言い訳に使った」「北朝鮮が行った約束などは端から信用できず、核実験をするのは当然の成り行きだった」との見方もあるかもしれません。それでも、アメリカのちぐはぐな対北朝鮮政策が共同声明を土台とした外交解決を促進せず、むしろ逆行させる結果となったこと、その史実は真摯に受け止めなくてはならないと思います。

三つ目のターニングポイントは、核実験に驚愕したブッシュ政権が方向転換し、ヒル国務次官補が訪朝するなどしながら、寧辺《ニョンビョン》核施設の「無能力化」への足掛かりを築いた07～08年の米朝交渉の動きです。この時、アメリカは日本の反対を押し切って北朝鮮の「テロ支援国家指定」を解除します。そこまでアメリカが外交資源を投入したにもかかわらず、ヒル氏の08年10月の訪朝以降、核放棄を目指す交渉は全く進展しなくなった。恐らく、この2カ月前に金正日総書記が脳卒中で倒れたことが大きかったのではないか、と推測します。絶対権力を握るトップが半ば機能不全となり、北朝鮮はもはや大きな戦略的決断ができなくなった。同時に金正恩への権力の継承を急がなくてはならなくなり、経験不足の三男が権力基盤を固めるまでは力の象徴であり源泉である核計画を簡単に「安売り」できなくなったのではないか。09年に就任したオバマ大統領は米朝交渉に非常に前向きでした。しかし、北朝鮮のこうした内政事情のために外交の動きは止まり、むしろ平壌は弾道ミサイルの試射や核実験を大胆ながらも粛々と進めた。オバマにしてみれば「話をしよう」と言って片手を差し出したら、握手を断られるどころか、顔面をいきなり殴りつけられた、そんな心境に襲われても不思議ではありません。

オバマ政権はその後、2012年2月29日に北朝鮮と「閏日合意」を結び、栄養補助食品を供与する人道支援と引き換えに寧辺へのIAEA査察官復帰と長距離弾道ミサイル発射の一時停止を平壌に受け入れさせます。この時は、金正恩が新思考外交を展開するのではないか、との期待感も生まれました。けれども、合意から間もない同年4月、北朝鮮は「ロケット」の打ち上げを強行します。何が民生用のロケットで何が軍事用のミサイルか、米朝間で詰めた解釈がないままに、北朝鮮は平和利用のための人工衛星打ち上げと称して発射に踏み切りますが、これは合意の精神を踏みにじる行為であり、米朝間に辛うじて築かれようとしていた小さな信頼の礎を崩壊させました。これを境に、オバマ政権は北朝鮮との新たなディールを結ぶインセンティブを失ってしまう。それが「ストラテジック・ペイシェンス（戦略的忍耐）」という、言うなれば「様子見」の対北朝鮮外交に転じていったのです。以降、北朝鮮は弾道ミサイル発射を繰り返し、加えて番匠さんが指摘された水爆実験とみられる核実験を実施できるほどの核能力を蓄積していきます。「閏日合意」の蹉跌も一つのターニングポイントだったと言えます。

最後のターニングポイントですが、2019年2月のハノイでの米朝首脳会談、トランプ大統領が「ビッグディール（大取引）」を結ぼうとした局面です。金正恩が寧辺の核施設を放棄する意思を示すまでは良かったのですが、アメリカが疑う他の核施設の存在については沈黙したままだった。この会談に参加したジョン・ボルトン元大統領補佐官にも20年夏にインタビューしましたが、トランプ政権は「寧辺プラスα（アルファ）」、つまり寧辺だけでなく他のウラン濃縮施設の放棄、そして現存する核兵器や核物質の申告を行うという戦略的な決断を金正恩に求めていた。それが担保されるなら、国連制裁の大幅な解除など北朝鮮の求める見返り提供を検討することもできたのですが、そんなビッグディールへ向けた議論に行き着くことなく頂上会談は決裂してしまったのです。この時、トランプがもう少し根気強くハノイで交渉を行っていたら、また別の展開があったのかもしれません。しかし同じタイミングで、トランプの元顧問弁護士が米議会下院の公聴会に呼ばれ、彼の不正行為について赤裸々な証言を行っていた。そんな内政上の圧力にさらされる中、トランプにしてみればビッグディール以外の選択肢はなかった、むしろテーブルを蹴ってハノイを後にした方が「中途半端なディールに終わった」との野党民主党の批判を回避できる。そんな政治的な利害得失の計算が働いたのだと思います。

このように、北朝鮮の核の脅威を封じ込めるチャンスは何度もあったのに、その好機を摑めなかった。結局、アメリカの北朝鮮に対する脅威認識はさほど差し迫ったものではなく、対テロ戦争やイラン核問題と比較して優先順位が低かった。トランプ政権でそうした姿勢がある程度見直されましたが、ビッグディールにこだわるあまり、トランプ政権は実質的に非核化を進めることは何らできませんでした。

今の北朝鮮は日米のミサイル防衛をも突破しうる核戦力を保有してしまった可能性が高い。エスカレーションラダーの最も高層階にあるＩＣＢＭ、ＳＬＢＭ、中層階部分のＩＲＢＭやＭＲＢＭ、ＳＲＢＭ、さらに低層階の戦術核ミサイル。命中精度がどの程度かは分かりませんが、北朝鮮は自分たちなりのエスカレーションラダーを構築するに必要な核戦力を整備しつつあります。非常に憂慮すべき状況を迎えてしまったのです。

米朝交渉の歴史を見ると、アメリカの戦略目標は終始、北朝鮮に核兵器を持たせないことでしたが、時々の政権が北朝鮮に向き合う優先順位が低かったり、途中で政策を変えたり、「ならず者」とか「Axis of Evil（悪の枢軸）」といったレトリックを非効果的に使ったり、合意を結ぶと同時に制裁を科したりと、とかくミックスしたメッセージを送り続けてきたのではないか。それが非核化の結果につながるのなら良かったのですが、現状を見るとそうはなっていない。もちろんＮＰＴを脱退して非合法な形で核開発に邁進してきた北朝鮮に大きな非がある。一方でアメリカの外交も一貫性がなく、ぶれる分だけ日韓などの同盟国をも翻弄してきたという側面は否めないのではないでしょうか。

事ここに至って一番懸念すべきは、核を保有した北朝鮮を果たして合理的なアクターと見なしていいのかどうか、そもそも核に関して米朝は「同じ言語」を共有しているのかどうか、です。窮鼠《きゅうそ》猫を嚙むではないですが、自身がとことん追い込まれたと金正恩が感じた際に合理的な振る舞いがどこまでできるのか、そこは判然としません。北朝鮮の核兵器運用の指揮統制系統がどうなっているのかも全く分からない。不透明性が極めて高い中、ひょっとしたら、我々の方がマインドセットを変える必要があるのかも知れない。完全非核化の旗を下ろすことは決してないが、眼前に迫った核のリスクをどうやって管理し削減していくか、その上で非核化のロードマップをいかに具体的に描いていくか。日米韓は、北朝鮮に対して最大の梃子を持つ中国をも巻き込む形で、外交戦略を練り直す必要があるのだと思います。

米大統領にとっての、北朝鮮問題の位置づけ

兼原　次に、北朝鮮とどう向き合っていくのか、という点について話を進めたいと思います。

アメリカにとっての北朝鮮問題というのは、パレスチナ問題とよく似ています。任期4年の大統領が2期目の終わりを迎える就任7、8年目くらいになると、やることがなくなってくる。あるいは、やりたいことはあっても議会が野党に握られたりしていると、思う通りにはいかない。ならば議会を気にしなくてもできる外交でもやるか、ということになるのですが、その時出てくるのがパレスチナと北朝鮮なんです。

北朝鮮からすると、「どうせもうすぐいなくなる大統領だから、適当に付き合えばいいや」となるわけで、結局、失敗の繰り返しです。クリントン政権末期の2000年10月には、当時のマデレーン・オルブライト国務長官が平壌を訪問し、マスゲームを見て感動して帰ってきたという、「あなた、何やってるんですか?」と突っ込みたくなるようなエピソードもありました。この頃は、1994年の米朝枠組み合意に基づいてKEDO（朝鮮半島エネルギー開発機構）を作り、核開発をやめるのと引き換えに北朝鮮に軽水炉と重油を提供したわけですが、その後ブッシュ政権になると、実は裏で核開発をやっていたという証拠がどんどん上がってきた。最終的にKEDOの話はひっくり返るわけですが、日本はそういう状況を全然知らなくて、小泉総理が訪朝するという話も止まらずに進むことになった。結果、小泉さんが拉致被害者を取り戻しはしましたが、その後は日朝間の対話が止まり、現在に至っています。

ブッシュ政権は北朝鮮に厳しい対応をとっていましたが、2期目の末期に国務次官補のクリストファー・ヒルがブッシュ大統領に自分を売り込んで交渉を始めた。北朝鮮は2008年には寧辺の原子炉冷却塔の破壊を外国メディアに公開するというちょっとしたショーをやってみせたりしましたが、結局は何も動かなかった。ブッシュ大統領は「1回目に騙されるのは相手が悪いけど、2回騙されるのは自分が悪い」なんて言ってましたが、アメリカはもっと騙されている。全然懲りない。なぜ懲りないかというと、北朝鮮はアメリカにとって大した問題じゃなかったからです。

ところが、ミサイルの射程が北米大陸まで伸び始めるとさすがに米国も真剣になってくるわけです。私たちは「やれやれ、これでようやくアメリカも真剣になるか」と思ったんですが、肝心のアメリカ、つまり当時のオバマ政権は「ストラテジック・ペイシェンス」といって何もせず、北朝鮮の核開発に対して完全無視を決め込んだ。そこに付け込んだ北朝鮮は、どんどん能力を上げていった。

オバマの後を襲ったトランプは「ビッグディール」の人ですが、彼のビッグディールには全く原理原則がない。ボルトンが、トランプに下手に動かれたら危ないと考え、核問題に対する米国の原則的立場を変えずに、トランプの顔を立てて体裁だけ繕えるようにお膳立てしたのではないでしょうか。独裁者の金正恩と会うという「ショー」をシンガポールとハノイの2回やり、さらに板門店訪問も追加でやって、テレビカメラの前でいい格好ができたから御本人は満足したでしょうが、核交渉の中身はゼロです。

バイデン大統領になった今のアメリカですが、とにかく韓国の文在寅大統領が南北サミットやら人道支援やらをやりたがるので、「勝手に突っ込むな」と言っているのが現状です。文在寅大統領はイデオロギー的に反米・親北ですから、なかなか言うことを聞かない。２０２１年の文在寅大統領訪米の際に、南北の接触には少し目をつぶるから、代わりに米韓首脳会談で「台湾海峡への責任に言及しろ」と迫ったのだと思います。驚いたことに、文在寅大統領は台湾問題に言及した。実は韓国が米国との首脳会談で台湾問題に言及したのは、これが初めてです。ご褒美としてアメリカは、駐インドネシア大使だった韓国系米国人のソン・キムを北朝鮮担当にして、韓国の対北関係改善に少しだけ付き合っている。でも、米国が北朝鮮との関係で実際にやっているのはその程度です。

北朝鮮の核問題を巡っては、まさに太田さんが言われた論点があります。米国内でも議論になっている。つまり、「どうせ北朝鮮の核はなくならない。ならば非核化なんて非現実的なことを言うんじゃなくて、核開発をコントロールする方に舵を切れ」と主張する少数派が米国内にいるんです。しかし、それでは北朝鮮を事実上の核兵器国と認めた上で、その軍備管理を交渉することになる。北朝鮮側も、米側に代償を要求するでしょう。北朝鮮と交渉を始めるのであれば、制裁だって緩めざるを得なくなる。それは正統派の不拡散派が許さない。今のアメリカはまだ正統派の不拡散派の方が強いですから、対北融和の「コントロール派」は目立たぬように頭を低くしている感じだと思います。

ともあれ、国連制裁は緩めるべきじゃないし、日本が率先してやっている「瀬取り」（洋上での石油の密輸）の監視も責任ある国際社会のみんなで続ける。でも、そうやって経済的に締め上げたところで、後ろで中国が支えているから潰れない。核はその間、増え続ける。残念ですが、そういう膠着した構図がずっと続くことが予想される。

このままの形で行くのか。結局、私はそれしかないいんじゃないかなと思うんですけれども、太田さんのようなご意見の方は、韓国にはたくさんいますが、アメリカにもいるんですよ。

太田　韓国内の議論は詳しく承知していませんが、アメリカでは決して少なくない意見かと思われます。もちろん制裁をたちまち解除すべきという考え方に与《くみ》するわけでは毛頭ありませんが。

下手に扱うと、ＮＰＴに穴があく

髙見澤　私はジュネーブにいましたから、北朝鮮代表部の大使が軍縮会議のときに誇らしげに演説するのをいつも聞いていました。北朝鮮は２０１７年11月、新たに開発されたＩＣＢＭ火星15号が米国本土全域を打撃することができ、国家核武力の完成を実現したと発表しました。特にＩＣＢＭ級のものがうまくいくようになってから、すごく自信を持っている感じになっていました。

こうした状況にもかかわらず、北朝鮮の脅威についてヨーロッパを含め世界の認識が甘いということで、アメリカ・日本・韓国は、いかにミサイル開発や核の話が深刻かを訴えてきました。軍縮会議の場でも、それぞれ本国から専門家が来て説明を行うなど日米韓が積極的だったので、北朝鮮は当初はちょっとディフェンシブだったんです。

ところが18年になると、南北首脳会談、米朝首脳会談の話が出てきた。そうしたら今度はアメリカが黙り、マルチ（多国間交渉）の場でもあまり言わなくなった。左翼政権になった韓国も言わなくなった。そうしたらヨーロッパのほうが問題の深刻さに気付きはじめたので、構図が逆転してしまった。少なくとも表舞台での言い方は政治的な考慮次第で随分様変わりするものだということを痛感しました。

北朝鮮の発言を聞いていると、我々は立派な核兵器保有国ですという言い方を公の場で繰り返すようになってしまった。国際社会としてそういう現状は認められないという言い方があるけれども、では具体的にどういう手立てがあるのかと言ったら、誰もが納得するような妙案はないというのが実態ではないか。

一つの可能性としては中国が言っていたようなフリーズ、つまり現状凍結からスタートするというのはあり得たかもしれない。北朝鮮がエスカレートしているこの期に及んでフリーズなのか、という気はしますが、これ以上悪くしないという意義はあったかもしれません。

ただ、いずれにしても日本政府としては単独では動きが取れない。北朝鮮は、NPTに加盟せず核兵器の保有について公表しているインド、パキスタンや、NPTに加盟せず核保有について何も言明していないイスラエルとは明らかに違うわけですよね。NPTに加盟しておきながら、「俺は持ったぞ」と堂々と言っているわけで、それをあっさり認めたりしたら国際法的な枠組みの根拠を失いかねない。そうすると、それを乗り越えるアプローチっていうのは政府からはなかなか出てこない。そういう苦しさがあるのかなと。

兼原　下手に扱うと、本当にＮＰＴに穴があいてしまいますから。

Ｐ５以外の核保有国のうち、インドは不拡散をずっと真面目にやってきたからいいんだということになっている。カーン博士が核兵器技術を売っていたパキスタンはダメ。地域大国でイデオロギー的にイスラエルを敵視するイランには持たせない。イスラエルは、持っていると自分で言わないからとりあえず不問にしておく。でも北朝鮮はインドみたいには扱えないですよ。テクニカルには米国や韓国と戦争中だし、ミサイル技術は輸出している可能性があるし、現実に韓国の軍艦を撃沈したり、南北国境の町を砲撃したりする。しかも核兵器は絶対に手放しませんから、とにかく交渉が難しい。

私たちの質問は「核兵器をどこの工場で作ったの？　今、どこに置いてあるの？」から始まるわけです。もちろん彼らは絶対言わない。言わなかったら検証ができないですが、検証がない核交渉なんてあり得ない。裏でどんどん核開発ができる。しかも、交渉するたびに必ず人道支援か何かをかっさらっていく。その内、民主主義国家の方に選挙が来ます。米国や日本の方の政権が代わってしまえば交渉は振出しに戻る。実は、北朝鮮はいつもそれを狙っている。本当に面倒な相手です。

交渉が始まると、北朝鮮が感情的になって席を立つことがないように、北朝鮮にプレッシャーをかけなくなる。ブッシュ・ジュニア大統領の頃のヒル国務次官補の交渉がいい例です。私たちが宥和政策を取れば怖くなくなるから、北朝鮮には譲歩するインセンティブがなくなる。中国もロシアも、日米韓チームを侮って北朝鮮に本格的な圧力をかける理由がなくなる。私たちの方が、北朝鮮の核兵器保有に対して、軍事的に対抗措置を取らなければ、結局は何も変わらないでしょう。例えば、将来デュアルユースの中距離ミサイルを日本に配備していくことになるとすれば、「北朝鮮の核兵器が怖いから」という説明をすればいい。そうすれば、中国もロシアも少しは真面目に北朝鮮に圧力をかけるだろうし、北朝鮮もどこかの時点で核兵器に関して、最低限の透明性の実現や、米国との信頼醸成、検証の受け入れなどの措置に踏み出すかも知れない。

髙見澤　何か取引材料をつくらないとゲームが進められないという感じですよね。

兼原　仰るとおりです。ただ、私たちの中距離ミサイルは本当の意味では中国対応なので、「北と合意したなら全部撤廃してくれ」と言われても呑めない話になりますが。

空母3隻を日本海に入れたアメリカのメッセージ

番匠　歴史的に日本の朝鮮半島との向き合い方には、一拍の距離がありました。朝鮮戦争での日本の役割は、半島での戦闘は在韓米軍と韓国軍に任せ、後方から第一戦線をしっかり支えるというものでした。だから日本に国連軍の後方司令部もある。そういう役割分担をアメリカも考えていたと思いますが、北朝鮮がミサイルをどんどん撃ちまくり、かつ特殊部隊が化け物みたいに行動するようになってくると、日本も後方地域ではなく最前線になってきている。そういう感じだと思います。有効な手だてというのはなかなか難しいですけれども、やはり北朝鮮に対するプレッシャーを強くしていく必要はあるだろうと思います。国連の制裁決議だけでなく、軍事的な圧力も、です。

２０１７年、北朝鮮がミサイルの発射実験など挑発を繰り返していた時期、注目すべき米軍の行動が幾つかありました。１つは、11月だったと思いますが、アメリカは空母3隻を日本海に入れました。これは極めて異例のことです。空母1隻だって日本海に入るのは大変なことなのに、３個の空母打撃グループを同時に朝鮮半島対応に投入し、北朝鮮への軍事的圧力を加えました。

同じ頃、釜山にオハイオ級攻撃型原子力潜水艦「ミシガン」も入港させている。これには甲板上部に特殊部隊用小型潜水艇の格納シェルターが取り付けられていました。これは海軍の特殊部隊であるＳＥＡＬｓ（シールズ）を使える、ということを意味します。米軍はあえてこのことを対外公開したのではないかと思います。当時は空母「カール・ヴィンソン」が近くに展開していましたが、「カール・ヴィンソン」というのは、11年にシールズがパキスタンでオサマ・ビンラディンを仕留めたときに、遺体が持ち込まれて水葬を行った空母です。それをこのタイミングでシールズ搭乗の潜水艦と組み合わせて見せたのは、北朝鮮に対して「分かっているな。下手に動くと斬首作戦に行くぞ」というメッセージに他なりません。

この時は空軍もＢ－１、Ｂ－52などの戦略爆撃機もかなり頻繁に飛ばしていました。そういう軍事的なプレッシャーをかけて、「これは本当にやばいな」と思わせることが重要だと思います。

北朝鮮は、ロシアとかヨーロッパでやっていたような核抑止理論は通用しない国だろうと思うのです。リーダーの不可測性が高いし、追い込まれると何をするか分からないという危険性みたいなものが常にある。だから、匙《さじ》加減は難しいですけど、やっぱり軍事オプションも考えていくということが必要なのだろうと思います。

ただ、これをやり過ぎて他のものに手がかけられないと困るので、この辺のバランスが重要です。彼らもミサイル防衛の突破能力を最近つけています。イスカンデルタイプの不規則軌道ミサイルとか滑空ミサイルとか（２０２１年9月28日及び２０２２年1月5日、11日には新型の極超音速ミサイルと称する新型ミサイルを発射）。そういうこともあるので、ミサイル防衛も常にグレードアップし、万全を期しておく必要があります。

もう一つ、将来の北朝鮮、朝鮮半島をどう見るかということも常に考えておかなければならない。例えば急にクラッシュして体制が崩壊したときに、核の管理をどうするのか。多分、米国や中国などは考えているのでしょうけれども、果たして日本はどうか。統一朝鮮が核保有国家になるとしたら、日本の安全保障にとって極めて深刻な事態ですから、我々も常に当事者として主体的に国家戦略、防衛戦略を考えていく必要があります。

北朝鮮は実は核戦略を熟知している？

髙見澤　番匠さんの話されたことに、一点だけコメントさせてください。

スイスでは米国、中国、日本、韓国などに加え、北朝鮮も参加する非公式な枠組み（いわゆるトラック1・5）として「ツェルマット・ラウンド・テーブル」が行われてきました。2018年には北東アジアの安全保障問題に焦点を当てた会議が行われ、政府関係者、研究者、学者などが参加しました。この会議に参加した人の話を聞く機会があったのですが、核戦略に対する北朝鮮の理解は、実はかなり深いことは間違いない。アメリカやロシアの核戦略を専門にやっている日本の研究者で、北朝鮮から出てくる人にかなう人はあまりいないんじゃないか、とまで仰っていました。金正恩自身の予測可能性が低いということはあるかもしれないですが、北朝鮮はアメリカの核戦略、中国の核戦略、ロシアの核戦略については深く理解している、というのが軍縮関係者の集まるジュネーブ界隈ではよく言われています。

私自身は、今の北朝鮮の戦力構成、核戦力の整備、ミサイルの開発、特に長射程化と多様化、実験や訓練の集中的実施などいろんな段取りを見ていて、こちら側の弱いところを突いたり、相手の反応も計算しながら計画的にやってきているように見えます。だからこそ金正恩は予測しがたいように振る舞える、という感じじゃないでしょうか。

私は直接、北朝鮮の戦略家と議論したわけじゃないですけど、金正恩がトラック1・5に出してきている連中が本当に舌を巻くぐらい核戦略に詳しいということは、逆にこちらが足元を見られているんじゃないか。北朝鮮はアメリカのあらゆる情報を分析している。リーダーがしばしば替わり、政策の力点も変わるということもよく分かっている。少なくともジュネーブに出てくる専門家の知識レベルは、そういう推測をサポートするようなものだ、ということです。

非核化に至る「本気のプロポーザル」を一度は出すべき?

太田　北朝鮮に対する国連制裁を弱めるというのは、現状ではあり得ないオプションですよね。抑止力を高めるということも非常に重要です。ただ、まだ一度も試してないことがある。それは、きちんとしたシークエンス（順序）を長期的に描いた非核化合意、最後は非核化に辿り着く道筋を明示した包括提案です。トランプは「ビッグディール」と言いましたが、その中身は煮詰まっておらず、スカスカだった。ビッグディールの実態は、ボルトンの作った一枚紙程度の提案です。

兼原　ボルトンはトランプ大統領のハチャメチャなディール形成に反対だったからね。

太田　ボルトンは私の取材にも、自分はトランプがそもそも間違ったディールをしないよう、お目付役としてハノイに随行した、という趣旨の話をしています。シンガポールやハノイの首脳会談でもアメリカは具体的な道筋を描いた非核化プロセスの提案までは示していない。例えば、まず寧辺にＩＡＥＡの査察官を入れ、取りあえず原子炉や再処理施設の実態を押さえ、活動を封印する。同時に核開発の現状を包括的に示した「ベースライン申告」を北朝鮮に行わせ、実際に何を持っているか情報を開示させる。そこには当然、核物質や運搬システム、関連の生産施設が全て網羅されていなくてはならない。

兼原　核爆弾そのものもね。

太田　もちろん、すべてです。今ある核、「未来の核」の原料である核物質、生産能力も含めてすべて申告してください、となります。さらに申告内容の真偽を判断するために、どのような検証のプロトコル（手順）、査察制度を設けましょうか、という交渉になっていく。クリストファー・ヒルは北朝鮮の不誠実な対応にも直面し、結局ここで躓いてしまったというのが過去の歴史です。

プロトコルを固めた上でまず一回、核施設などへの現地視察を受け入れさせる。その上で、検証を伴う核廃棄の作業が動き出し、非核化が目に見える形で進み始めれば、国連制裁のどれとどれだったら我々も解除が可能だ、と明示する。最終的に非核化に至る道筋で合意した上で、こちらが小出しに見返りを与える、部分的に制裁を徐々に解除していくやり方もあってもいいのかもしれない。もちろん、北朝鮮が本気でやるのだったら、ということが大前提になりますが。

兼原　そう、北朝鮮を本気にすることが大事なんですよ。アメリカ人は、よく「戦略的決断」と言います。「清水の舞台から飛び降りてみろ」という意味です。

私が聞いている話では、文在寅大統領が北朝鮮の立場について「寧辺さえ差し出せば全てのプロセスが動き始める」と食言をした。だからトランプ大統領は戦略的なディールができると思ったし、逆に金正恩は、寧辺に食いつかないトランプを見て、文在寅にだまされたのだと思った。私は初めから米朝核合意ができるなんて信用していませんでした。これが最大のボタンの掛け違いです。我々にしてみれば、寧辺だけ差し出されても困る。こちらの関心は北朝鮮の核兵器に移っているわけですから。

北朝鮮は、核兵器を持ってしまっている。当然、私たちの一番初めのクエスチョンは「どこに爆弾があるのですか」から始まるわけです。北朝鮮に「とりあえず寧辺の核施設をご覧ください」と言われても、まとまるはずがない。それは私たちが言っていたことですし、多分ボルトン補佐官やポッティンジャーNSCアジア担当上級部長（後に国家安全保障問題担当大統領副補佐官）も同じ考えだったと思います。

太田　交渉の下準備をやらずに、いきなり頂上会談となるから、そういう展開になってしまう。

兼原　でも、核問題は下っ端と交渉してもなかなか上手く行かないですよ。よく「quid pro quo」と言っていたんですよ。何か譲歩したら、何か褒美を与える。一歩ずつ進むやり方です。でも、これまでの経験上、コツコツ交渉していると、成果に至る前に米国の政権の寿命が先に来る。外交官のいけないところですが、成果がないのは寂しいから、何とか外交的に成功したことにしようとして中途半端な成果をまとめあげる。そうして食い逃げされる。何度も痛い目に遭っているアメリカ人は、「もう quid pro quo はやらない」と言うのですが、お人好しだから政権が代わるたびに引っかかってしまう。

太田　そうなんですよ。だからこそ、きちんと非核化の全体的な枠組み、エンドゴール（最終目的）に行き着く道筋で合意することが重要ではないのか。さらに、北朝鮮に食い逃げを許さないよう、フォローアップするプロセスも大事になってくるのですが、そうした全体像と詳細がないまま、「ビッグディールでのるかそるか」みたいな交渉をやっていた。文在寅の「誤訳」というか、甘読みも大失態ですが。

兼原　文在寅大統領は自分の政権のレガシーというか、トロフィーとしての南北首脳会談実現しか考えていなかった。文在寅が暴走して、日米が止めている形です。

太田　例えば、こんなやり方もあると思います。それは、合意破りがあれば、一旦解除した制裁措置をまた元に戻す「スナップバック」という、イラン核合意（正式名称は包括的共同行動計画〔JCPOA〕）で使ったようなブレーキも盛り込みながら、向こうが本気で進めないなら制裁を再発動するという手法の導入です。

兼原　イランと北朝鮮の決定的な違いは、イランはまだ爆弾を持っていないけど北は持っちゃっていることです。核兵器を持っちゃった国との交渉は、核兵器をこれから持たせないための枠組みであるJCPOAとは全く違う。

太田　そうですが、ここで申し上げているのは、非核化を着実に進めるためのより良き手段として「スナップバック」という選択肢を検討することです。北朝鮮の行動次第では段階的な制裁解除には応じ、非核化の方向へ誘導しながら、プロセスを堅実に一歩一歩進めていく。しかし北朝鮮が約束をたがえるのなら、また制裁を元に戻せばいい。だから非核化の初期段階において、北朝鮮がハノイで求めた、２０１６年以降の全ての国連制裁の解除をたちまち行う必要などないわけです。

兼原　ちょこっと解除ということですか。

太田　ちょこっと解除しながら、それでまたスナップバックを利かすというＪＣＰＯＡのあの仕組みを使うというのは一つの手ではないでしょうか。もっとも、北朝鮮がそれに食いついてくるかという疑問は残りますが……。

北朝鮮は中国が大嫌い

兼原　番匠さんの先ほどの発言にちょっとコメントしてもいいでしょうか。

私も問題意識は全く同じで、実は中国と手を握ろうと思ったら、将来の朝鮮半島に関する勢力圏の分割合意というか、コンセンサスが要ると思うんですよ。統一後の朝鮮半島のイメージと、そこにおける米中の力関係、乱暴に言えば勢力圏の線引きに関して、米中間に何らかの合意が要ります。

私たちは「自由に選ばれた政府ができればそれでいいじゃないか」とすぐ言うけれど、独裁国家の中国から見れば、それは「朝鮮半島を丸々取られる」ということと同じなんです。中国からすれば、統一朝鮮が西側に組み込まれるくらいなら、北朝鮮が核を持って米国と対決している方がはるかにましだ、ということになります。もし北朝鮮が崩壊したら、中国は軍事介入して傀儡政権を立ててでも勢力圏に留めようとするかもしれない。それが怖いから、北は対中国用のお守りとして核を持っている面もある。

中国は「日清戦争の後、たかだか100年貸してやっているだけで、朝鮮半島は楽浪郡設置以来2000年間、事実上中国のものだった」と思っているはずです。朝貢国家だった朝鮮の王は紫禁城の高官だったことを忘れてはいけない。できれば南側も中立化し、時機が来れば獲っちゃえくらいに思っている。だから、北朝鮮の核問題には多分出口がないいんじゃないかと思います。北朝鮮が内部崩壊したら、テロリストの手に渡ったりすることを防ぐために核兵器はアメリカが何としても抑えるでしょうが、北朝鮮自体は中国が取るでしょう。

仮に運よく韓国主導の統一朝鮮が出来れば、米中露の誰も韓国の核保有を許さないでしょうが、実は韓国は大国の証として核を持ちたくてしようがない。韓国には、日本みたいな核アレルギーはないんです。朴正煕大統領は核兵器を開発していましたが、米国に止められた。南北朝鮮が統一すれば、非核化で米中の利益が合致するので、北朝鮮の核は取り上げられてしまうと思います。そこまで出口はないかもしれない。

高見澤　クラッシュした後の経済的ポテンシャルや支援のコストについての議論はどういうのがあるんですかね。実際に統一したドイツの例では、様々な研究がありました。韓国では南北統一のコストの話はいろいろあるみたいですが。

兼原　90年代に東欧の共産圏が潰れたときに、日本は巨額のＯＤＡを投入しました。そのころ、次に崩壊するのは北朝鮮だという話があって、アメリカでも北朝鮮の開発にいくらかかるかというような調査研究はたくさん出たんですよ。北朝鮮開発はビジネスになると思ったのでしょうね。貧しくても２６００万人の勤勉で優秀な国民がいるわけで、労働力としては魅力です。加えて北朝鮮には鉱物資源がいっぱいある。日本の統治時代に朝鮮半島北部の開発に重点を置いたのは鉱物資源が多いからです。ウラン鉱山があって、原爆を造ろうとした日本陸軍が開発していたという話まであるじゃないですか。統一朝鮮が出来れば、西側からも中国からも投資がどっと入ると思います。開発初期にはインフラ整備などお金がかかるけれど、軌道に乗れば発展のポテンシャルは高い。韓国政府は、統一後の北朝鮮開発には自分だけでは賄いきれない巨額の資金が要るので、日米欧中露などの諸外国から投資や開発資金を入れてもらい、北朝鮮の廉価な労働力を使って開発していく、多分そう思っているんだと思います。

高見澤　そこも含めてやると、結構投資に見合った分というのはあるんじゃないかという議論になるのでは。

兼原　レジームが代われば北朝鮮の発展の可能性は十分あると思います。

番匠　地政学的に見たときに、実は中国は日本海に出口を持っていない。だから、朝鮮半島の北半分は自分の勢力圏に置きたいと真剣に思っている可能性がある。しかし、果たしてこれをロシアやアメリカが許すのか。日本海までが中国によるＡ２／ＡＤの勢力圏に入ってしまうということになると、日本の安全保障にも極めて大きな影響が出てきます。その辺も戦略的に見ておく必要があるのではないかなと思います。

兼原　北朝鮮は本当は中国が大嫌いなので、あまり中国の思う通りにはならないと思います。日本による韓国併合前の日清修好条規では、清が韓国に香港みたいな租借地や軍港をつくろうとしたんですよ。日本が日清戦争に勝ってなくなりましたが、中国は今でもそうしたいんだと思います。北朝鮮が衰弱しきって中国に完全に屈服すれば、元山《ウォンサン》辺りにできるかもしれませんよ、人民解放軍海軍の基地が。

番匠　これまた日本の防衛態勢に非常に大きな影響が出てきますね。

髙見澤　なかなか想像がつかない状況になりますよ。

韓国とのパイプを切らすな

兼原　もう一つ付け加えておくと、今まだ日米韓の間の統一された戦略というのがないんですよね。米韓同盟と日米同盟があるだけで、日韓が結びつかない。アメリカはそれですごく苦労しています。現実的な問題として何があるかと言うと、例えば仮に北朝鮮が日本にミサイルを撃った場合の対応です。東京が先に撃たれたら、当然米インド太平洋軍と自衛隊が動く。日本有事ですから、米韓同盟より日米同盟の方が先に戦端を開くわけです。その後に戦火が朝鮮半島に広がると、在韓米軍と韓国軍が戦争に入ってくるでしょう。朝鮮半島と日本列島、更には米軍基地のあるグアム島からなる戦域は一体化していて、北朝鮮が暴発すれば一度に戦争に巻き込まれるだろうし、誰が最初にミサイルを撃ち込まれるか分からない。日本は「日米韓は一つの戦域（one theater）だ」としつこく言ってきています。

ところが、ソウルは「日米韓が一つの戦域」なんて言うのは絶対にやめてくれと言うわけですよ。彼らはむしろKTX（コリアンシアター）という切り口で議論をしてきます。北朝鮮は不法に占拠されているけれど本来は韓国の一部である。したがって、日本が勝手に戦争したり、攻撃したりするのは許さない。

「じゃ、北朝鮮にやられた日本はどうすればいいんだ？」と聞きたくなりますよね。韓国の理屈の上では、「反撃は韓国政府がOKするまで我慢しろ」という話になります。こちらは国民が殺されているでしょうから、「ふざけるな！」という反応になる。

残念ながら日韓の間では未だにこんな議論になってしまう。日韓の意思統一／連携は日米同盟と米韓同盟の結節点であるハワイ、つまりインド太平洋軍司令部でやるしかない。アメリカ人に聞くと皆「大丈夫だ」と言うけれど、本当に大丈夫かどうかは怪しい。

番匠　ちょっと話が脱線しますけど、2020年に99歳で亡くなった白善燁《ペクソンヨプ》という韓国軍の名将がおられました。韓国陸軍初の陸軍大将です。朝鮮戦争の時には第1師団長として、激戦だった多富洞《タブドン》の戦闘で北朝鮮の攻撃を阻止し祖国を守った国家的英雄だった方ですが、私は生前大変にかわいがっていただいていました。「こういう人が日韓の絆をつなぐパイプ役として存在する限り、日韓はまだ大丈夫かな」と個人的には感じていたのですが、今後もそういうことが可能なのかどうか。韓国との多元的なチャネルは、今こそ求められているのではないかという気がします。両国に厳しい風が吹いているときでも、底流のところでしっかりとつながっている関係の大切さを痛感します。

私は幹部候補生学校長のときに、候補生を全員韓国に連れていったんです。海上自衛隊は遠洋航海で全員世界を回りますけど、陸はそれがないので、防衛大や一般大学出身の若い幹部候補生300〜400人全員を韓国に連れていって、向こうの士官学校や、それこそ多富洞の現地の戦跡や板門店に連れていったりしました。そこで、いかに我々と韓国が物理的に近いのかを肌で感じて貰った。釜山から対馬はたった50キロです。その地理的距離の実感、それから考え方の違いと共通点、そういうものを若いころから印象づけるということは非常に大事だなと思っています。時の政権の動向や短期的な政治・外交の影響によって、長く重要な日韓のパイプを切らせてはいけないと思います。

アジアの核抑止は元々、日韓一体だった

兼原　韓国の防衛費は日本と並ぶ5兆円。しかも、最近海軍をやたら大きくしています。経済はロシアやカナダと並んでいるから、もうG７に入れる大きさです。ただ、まだ成熟した責任ある大国とは言えない。政府に対する批判や言論を平気で取り締まろうとするし、慰安婦合意や徴用工問題や日韓請求権協定のように、国内の政治的事情を理由に国家間の約束も簡単に破ったりしてしまう。

また、韓国はまだ「日本の70年代」にあると考えた方がいい。87年に民主化しましたが、それ以前、左翼の人たちはみんな弾圧されていた。80年には光州事件もありました。私が韓国大使館に勤務している頃、「共に民主党」の議員の方々と食事をしたら、民主化前は全員、長期間獄中にいたと聞かされて驚きました。民主化後に左翼の活動家がたくさん牢屋から出てくると、彼らに共鳴した学生が大規模な民主化闘争を起こした。文在寅政権の高官も、大統領自身も、その頃の学生運動の活動家です。

日本と韓国でもう一つ違うのは、北朝鮮があることです。冷戦が終わって、私たちの最大の敵だったソ連はなくなった。今の子供はソ連って言っても分かりません。しかし、

韓国は北朝鮮があるから、激しい国内冷戦のまんまなんです。文在寅の支持基盤は、日本で言えば「全学連、全共闘、総評」です。アメリカの自由主義よりもロシア革命に共鳴し、「北朝鮮の何が悪いの？」と本気で思っていた世代です。日本で言えば70代、80代の左翼世代にあたるのが、韓国では未だ40代、50代なんです。私のようなノンポリ、個人主義、現実主義、高度成長下の日本しか知らず、10代でアメリカン・リベラルの息吹を吸い込んだ60代以下の日本人に当たる世代は、韓国ではまだ20代、30代なんです。若い韓国人は全然違う。日本に対するコンプレックスもないし、貧しかった頃の韓国なんて知らない。お金も結構あるし、「米韓同盟の何が悪いの？」「表立って言えないけど日本は大好き」っていう人が多数派です。北朝鮮のことは、道を踏み外した恥ずかしい親戚ぐらいに思っている。この人たちがいずれ社会の中枢に出てきますから、それまでは我慢です。

太田　今の日韓の話に絡めて、ちょっとお話しさせてください。私の博士論文の研究テーマは、日本の核の傘の「源流」を探ることでした。いろいろと古い文書を探って調べてみると、１９５３年10月に最初に核装備した「ＵＳＳオリスカニ」という空母が横須賀に入ってきたのが分かりました。オリスカニの航海日誌を調べたり、乗組員の証言を調べたりしました。当時の艦長はチャールズ・グリフィンという高位軍人で、後に海軍作戦副部長などの要職を歴任した方なのですが、この人物が引退後にオーラル・ヒストリーを海軍の研究所に残しています。これを読んでいますと、オリスカニは日本に寄港した後、日本海へ展開している。グリフィンは、「オリスカニは海上において、強力な空母航空群の同乗の下、休戦後の緊張状態の中で再燃する敵対行為を牽制する、ぞっとするような抑止力として貢献した」と証言しています。その空母航空群のトップにジェームズ・ラメージという、最後は海軍少将で退役する高位軍人がいたのですが、この人も退役後、日本海で53年の秋、真っ暗闇の中で核爆弾を組み立てた、と証言しています。オリスカニ艦載の爆撃機ＡＪ－１は核搭載して空爆の準備までしていたが、後になって訓練だと知った、と。

当時はすぐに核爆弾を戦闘機に搭載できる態勢はとっておらず、核兵器を何時間もかけて空母内で組み立てた上で出撃態勢に入るわけです。オリスカニ艦載機は朝鮮戦争の停戦後間もなく、朝鮮半島を睨む日本海でそんな核攻撃準備の訓練を行い、核交戦を行うだけの実戦能力を獲得した。古い文書を紐解《ひもと》くと、そんな過程が見えてきました。

何が言いたいかと申しますと、日本の核の傘の「源流」を辿っていくと、オリスカニの航海記録にあるように、そもそも核抑止力を投影する対象は朝鮮半島、つまり対韓防衛のための傘だったという歴史です。日本への核の傘は日本に特化したものと考えられがちですが、アメリカにしてみれば、そもそも日韓はワンセットだった。

兼原　アメリカは、朝鮮有事が再発すれば、またぞろ中国と、場合によってはソ連とも戦うことになると思っていたんでしょう。自分たちは「核は使えるぞ」と見せつけないと、また韓国がやられちゃうという恐怖があった。

今なら北朝鮮が南進しても、多分、中国は入ってこない。イデオロギー的な連帯感はもうないし、老獪な中国は負ける方にはつきません。逆に北朝鮮を自らの勢力圏に残すために、平壌が米国や韓国に占領される前に攻め込んで、傀儡政権を立てようとする可能性だってある。そこら辺の事情は、ずいぶん変わっているような気がします。

第4章　ロシアの核

兼原　次にロシアの話に入ります。

　ロシアは朝鮮半島にも影響力を持っていますし、米露関係、中露関係は国際情勢の大きな関数でもあります。まず、ロシアの立ち位置を確認してから核の話もしていこうと思います。

　国としてのロシアは、国力の減退が明らかです。面積だけはアメリカと中国を足したくらいの大きさがあって世界一ですが、人口は1億4000万人で日本と変わらない。経済力はカナダや韓国と同じ規模で日本の4分の1ぐらい。稼ぎ頭は石油と天然ガスで、国家収入の半分が、石油や天然ガスの輸出税で賄われている。世界的に省エネ技術も進んでいますし、これから再生エネルギーが重視されるようになれば化石燃料はますます売れなくなるので、産油国ロシアの見通しは明るくない。クリミア半島侵攻をやってしまったので、アメリカの制裁がかかり、西側の資金と技術も入らなくなっている。

しかも、これまでロシアにとって「可愛い末娘」みたいな存在だったインドが、クワッド（日米豪印による戦略的連携）で日本やアメリカの方にいってしまったので、かつては啀《いが》み合っていた大嫌いな中国とよりを戻さざるを得ない状況になっている。ロシアが得意とする武器も輸出市場がなくなっているので、上り調子の中国に買って貰うしかない。中露両国は、本当はお互いに嫌いだけれど一緒に生きるしかない、ロシアは悔しいけれどジュニアパートナーにならざるを得ない、という感じだと思います。

ロシアから見た日本の位置づけはどうなっているか。ロシアにとって一番の敵は常にアメリカなので、アメリカに対抗するために中国と組む。ただ、中国はどんどん強くなっていて怖い。あの広大な極東シベリアには600万人のロシア人しか住んでいないので、中国が本気で出てきたら止められません。その中国に対する抑えとしてのカードが日本なんです。ロシアから見れば、対米保険が中国で、対中特約保険が日本なのです。だから、日露関係の距離がもう少し縮まる可能性はある。日本も中国と対峙し始めていて、ロシアと事を構えている余裕もないですから、日露の利害はある程度一致する。安倍外交による対露関係改善の試みも、そうした読みによって進められていたと思います。

「核を使う」と公言する背景

兼原　ロシアは武門の国ですから、軍事だけは手を抜きません。経済規模は日本の4分の1でも国防予算は日本よりずっと多い。日本の5兆円規模に対して7兆円規模くらいあります。日本の自衛隊は25万人ですが、ロシアの軍隊は90万人ぐらいいる。それでも広すぎる国土を守るには充分じゃないので、核戦力だけは絶対に譲らないと言っていいます。核ミサイルも、航空機搭載のキンジャール、戦域ミサイルのイスカンデル、極超音速のアバンガルドなど、開発に余念が無い。

一番怖いと思うのは、彼らの核ドクトリンです。「ロシアの死活的な利益が脅かされた場合は核を使う」と公言しています。これは「戦術核を使う」という意味です。そう言っておかないとあの広い領土が守れない、と彼らは考えている。最近は北極海の氷も解け始めていますから、長大な北極海沿岸部も守らねばならないとなったら、大変なのは確かです。しかし、ロシアの戦術核先制使用のドクトリンは、核の均衡と安定を図る上で、不安定要因になっていると思います。

米露関係では、バイデン大統領は新ＳＴＡＲＴ（新戦略兵器削減交渉）をちゃんと延長しました。アメリカは２００２年にＡＢＭ制限条約を脱退しましたが、核を巡る対話の大きな枠組みは崩していないと私は思っているんです。そこで皆さんと一緒に考えたいポイントが四つほどあります。

一つはＩＮＦ条約をやめた理由です。これをアメリカは「ロシアの技術的な違反があったから」と言っていますが、本当は米露どっちも中国の中距離ミサイルが野放図にされているのが嫌で、お互いに半分合意してやめたのが実態じゃないかと思うのですが、どうでしょうか。

第二に、ＩＮＦ条約撤廃後、米露の中距離ミサイルがどうなっていくんだろうか、ということです。以前、ネブラスカ州にあるアメリカ戦略軍の人に会ったとき、「ロシアの小型核についてどう思いますか」と聞いてみたことがあります。彼らは「いやな話だ。核の均衡が不安定化する」と言っていました。しかし、ロシアが小型核弾頭を中距離ミサイルに搭載して配備していくのであれば、米国も対抗措置を取らざるを得なくなる。米国も嫌々だが付き合うということだと思います。多分、これがアメリカの本音で、今は小型戦術核も戦略原潜に積んでいるわけですよね。これがまた普通の攻撃型原潜にも積み込まれることになれば、核搭載米原潜の日本寄港と核持ち込みの事前協議の話が復活してくるので、これに日本がどう対応するかという話も出てくるかもしれない。

三つ目は、米露で仕切ってきた戦略核の世界に、中国がどこまで迫ってくるかです。今、中国の戦略核として配備されている弾頭数は数百だと思いますから、米露の６分の１ぐらいでしょうか。中国はやろうと思えば、直ぐに倍ぐらいの数の戦略核弾頭を配備できると思うので、どこかで米露が合意した戦略核弾頭の配備上限である１５５０に近づいてくるでしょう。そうすると、最初に申し上げたように、中国との間で最低限の透明性を確保し、相互検証による信頼関係を築かなくちゃいけない。従来の米露の核軍備管理体制を米中露三国間のものに変えていかなければならないと思います。しかし中国は未だ「能ある鷹は爪を隠す」戦術で、自分たちはまだ弱いと言って、自分の核兵器の実態を晒そうとはしない。中国は責任ある核兵器大国になれるでしょうか。

最後におまけでお伺いしたいのが、北方領土の話です。さっき番匠さんが、中国が南シナ海を核の要塞化して戦略原潜を遊弋させようとしているという話をされましたが、ロシアの場合はこれがバレンツ海とオホーツク海です。バレンツ海やオホーツク海は陸地に例えれば田舎の山奥みたいなところですから、重要なシーレーンが交錯する銀座４

丁目みたいな南シナ海を自分の核の要塞にしようとしている中国よりはだいぶマシかも知れません（笑）。それでも、海の中に核の要塞を築いたら、そこに核戦略上もっとも重要な第2撃を確保する戦略原潜を泳がせるわけですから、それを守るためには周りの陸地が自然と欲しくなる。だからオホーツク海を囲む北方領土もなかなか返さない。自衛隊の人はこの辺のリアリズムを分かっているので、「ロシアは、北方領土は返しませんよ」と言いますよね。

でも、本当にそうでしょうか。ロシアの戦略原潜との関係で米海軍が北方領土に関心があるなんて聞いたこともないし、米軍が北海道を活用してオホーツク海のロシアの戦略原潜を叩くという話も聞いたことがない。そもそも北海道には米軍はいない。アメリカは北海道には関心がない。冷戦中も、樺太に近すぎる北海道は「自分で守れ」と言って自衛隊に防衛を任せていた。ですから、もし北方領土が帰ってきても、米軍は、例えば択捉や国後に海軍基地を置かせろとは言わないのではないでしょうか。

だとしたら、返還後の北方領土の非軍事化を条件にすることをアメリカと事前に調整してロシアと話すことは可能ではないか。そうすれば、北方四島の返還に関して、ロシアの一番の懸念事項を消すことができる。北方領土返還交渉の最大のネックが一つ取り除かれるのではないかと思うのですが、どうでしょうか。もちろん全て仮定の話ですが。この辺の話、みなさんのご意見をお伺いしたいと思います。

北方領土交渉は、プロセス自体に意味がある

高見澤　官邸にいて安倍外交を巡っていろんな議論をしているときから、北方領土交渉はプロセス自体が大事な話なのかな、と思っていました。なかなか結果には繋がらないのでしょうが、それでも「日本は何をしようとしているのだ？」と世界にいわば「不安」というか興味を持たれるようなプロセスを続けていく。それに対するロシアやアメリカの反応を外交に活用していく。そういう感じではないでしょうか。実際にはなかなか返ってこないと思うし、北方領土だけ非軍事地帯にしてまで返してもらうというのも、全体のパッケージとして意味があるのか私自身は分からない。

中国の核戦略の透明性確保と信頼醸成ということでは、一筋縄ではいかないにしろ、やっぱり米中2カ国で議論をテーブルに載せるというのが一番現実的ではないのかなという気がします。一方で、マルチの戦略的な核の協議ではNPTの枠組み、P5の協議

などがあります。P5の協議には出ることができないので私もよく知りませんが、合同の説明やP5各国から個別に話を聞くことである程度見えてくる。それぞれのニュアンスの違いが激しかったり、機微なところはわからないところもあるのですが、ドクトリンの内容や相互認識の向上、戦略的安定性などそれなりに意味のある議論をしているという感じがします。米中の協議が強化されればNPTやP5の議論も質が高まっていくのではないでしょうか。

一方で、米露間の協議が中国の戦略との関係で与える影響についても考えておく必要があります。2021年6月に行われた米露首脳会談では、「核戦争に勝つことはできないし、決して戦ってはならない」ということを確認しました。これは、米ソ間の冷戦終結という背景の下で、レーガン大統領とゴルバチョフ大統領との間で合意していた考えを改めて裏書きしたものです。このようなステートメントというのは、米露間の長いやりとりを経て合意されていることに意味があるのであって、核戦力の増強を続けている中国にポリティカルに使われることには注意する必要があります（P5は2022年1月3日、「5核兵器国首脳による核戦争の防止と軍備競争の回避」と題する共同声明を発出した。この中では、米露首脳会談と同様、「核戦争に勝つことはできないし、決して戦ってはならない」ことを確認するとともに、「核兵器は、それが存在する限り、防御的目的に資し、侵略を抑止し、戦争を防止するものであるべき」ことなどについても確認した）。日本としては中国との軍縮当局同士の対話の枠組みもありますが、米中協議を念頭に置いて、米国に対して日本としての考え方や条件などを提示するとともに、我々は何をしたら実質的な内容に絡んでいけるかという話をしていくべきではないか。そうすることにより、ポストＩＮＦ、中国の核戦力の話にも実質的に絡んでいけるようにすべきではないかと思います。

小型核の話となると、これは実際にロシアの侵攻を受けたウクライナのクリミアのケースとか、ロシアに近いＮＡＴＯ加盟国であるバルト三国、ポーランドやルーマニアなどの不安感も考えていくと、通常兵器の増強や部隊の前方配備などＮＡＴＯ全体としての総合的対応が必要でしょう。要は小型核に対してはこちらも小型核をという単純な発想ではなく、想定し得る実際の行動や戦闘への対応を考えないといけないんじゃないか。

新ＳＴＡＲＴの延長というのは、トランプ政権が続いていたとしてもそういう方向に進んでいたと思うので、バイデン・イニシアチブという感じは私はしません。お互いの検証を含めた米露間の最低限の枠組みは生きているし、その重要性は認識されていた。ジュネーブで見ていると、米露両国間の核をめぐる議論というのは、トランプが一番きつかったころであっても結構水面下で静かに進んでいたのではないかという感じでした。

ロシア全体としては、近年の地球温暖化によって、耕作適地がより寒冷地帯で広がるなど、ロシアの国力が強化される部分というのは相当出てくるという議論もあります。

また、原油価格についても高止まりの傾向もあります。ロシアについて暗い見通しが多いとは思いますし、中国のジュニアパートナーになっているという見方もありますけれど、それなりにこの10年、20年というのは核兵器を保有した一つの大国という地位は保てるのではないか。ですから、そんなにロシアの存在感を低く評価する必要はないし、顔を立てることで西側の利益になることもある。ただ、米国と覇を競うような大国ではない、という認識はアメリカのいろんな戦略文書に出てきていますし、NATOもそういう感じをはっきり打ち出してきているので、日本としては「冷たい友人」という感じで、しっかり付き合っていくことが大事じゃないかと思います。

北方領土駐留軍の近代化

番匠　ロシアは中国と逆で、かつてはアメリカに対抗する世界最大の核大国でしたが、冷戦後ソ連も崩壊して国力が落ちてきて、そのプライドを維持するのは荷が重くなってきているというのが大きな構造だと思います。ただ、やっぱり昔のプライドは捨てられないし、冷戦に負けたリベンジをしたいというナショナリズムもあるから、レガシーを維持しつつ国力に合わせた形で柔軟に核戦略を変えようとしているのが現状ではないかという気がします。

２０１８年の3月、プーチンは年次教書演説の中で6種類の近代兵器に言及しました。サルマト（大型ＩＣＢＭ）、アバンガルド（極超音速滑空兵器）、キンジャール（極超音速空中発射型弾道ミサイル）、ブレヴェスニク（地上発射型原子力推進式巡航ミサイル）、ポセイドン（原子力無人潜水兵器）、ペレスヴェート（レーザー兵器）です。これらは、いずれもアメリカのＮＰＲ（核態勢の見直し）への対抗を念頭に、ミサイル防衛システムを突破していく目的で開発されていると考えられます。まだまだレガシーの部分で俺たちは負けないぞ、ということだと思います。実際に、その中で幾つかは実戦配備をしているし、夢物語では決してない。だから、ロシアの兵器近代化には、引き続き注意が必要だと思います。

国力に応じて、という部分では、それこそクリミア侵攻とかシリアへの介入の仕方などを見ると、「大国のガチンコ勝負」ではなくなっていて、柔軟に対応して実をとろうという感じになっている。重戦力重視の姿勢は維持しながら、時代に合わせた柔軟な戦略も持ってきているという意味では、冷戦時代に比べても対応が難しくなっています。

このような方向性を見ると、やはりロシアの核戦力の近代化は世界の不安定性を増しているのではないかという気がします。典型的な例がＩＮＦ条約からの脱退です。これはもともとＳＳＣ－８（ロシア側名称は９Ｍ７２９）地上発射型巡航ミサイルに対する疑念から始まっている部分がある。新ＳＴＡＲＴの議論も一応延長にはなりましたけれども、こういう戦略兵器についてもなかなか難しい問題が残っているわけですから、ロシアの戦略というものをしっかりと見て、我々の認識も今の時代に合わせてアップデートしていく必要があると思います。

ロシアの核戦略の議論によく出てくるのが「エスカレーション抑止論」です。ロシアが最初に限定的に核兵器を使用することにより、相手が怯んで軍事行動を停止させることを目的とする考え方で、エスカレーションを止めるために核兵器を使うという非常に危険な考え方です。今までは使ってはいけない兵器だったのに、ハードルを低くして核を使おうとする姿勢。これは非常に注意をしなければいけない。クリミアのときにプーチンは、ＮＡＴＯが介入したら核を使用する用意があったと言っています。彼らは本気で使う可能性がある。

もう一つアナロジーで言うと、実は冷戦期のＮＡＴＯとワルシャワ条約機構軍の立場が逆転しているような気がするのです。ＮＡＴＯ軍は今や近代的で、相当な力を持ってきている。冷戦時代はワルシャワ条約機構軍が強かったけれど、今回はＮＡＴＯが強くなっているから、「弱者の戦法」として核を使う。そういう意味で、ＩＮＦ条約が終わったからどうするかというのは、対中国だけじゃなくて対ロシアでも十分に考えていかなければいけないのではないかと思います。

自衛隊では冷戦期に「ノルディック・アナロジー」という言葉を良く使っていました。これは何かと言うと、日本の戦略環境が北欧の戦略環境に酷似している、ということです。米ソ冷戦構造の中で、ソ連軍はバレンツ海から北欧付近を戦略的に重視していた。これはオホーツク海にソ連軍が展開して聖域化している日本周辺の環境に非常に似ている。我々はそれで北方防衛戦略を推進して来たのですが、この部分もまだ終わったと見てはいけない。

兼原さんのお話に関連して申し上げると、北方領土の重要性は、ロシアにとってむしろ高まっている。その証拠が、最近の部隊の配備です。例えば地対艦ミサイルのバスチオンやバル、最新鋭の防空ミサイルを択捉島と国後島に配置したと発表しています。ロシアは近年、北方領土駐留軍の近代化を着実に進めています。

それから、千島列島の松輪島など旧帝国陸軍が拠点を持っていたところにも新しい基地を置く計画もあるようです。オーシャンバスチオン（海洋要塞）であるオホーツク海の防備態勢は、冷戦期よりも量的には減っていますが、それを質の向上によって補おうというのが最近のロシア軍の傾向です。演習の状況などを見ても、決して油断はできないという感じがします。

NATO核の情報開示という交渉カード

太田 高見澤さんがご専門の軍備管理について私がお話しするのは僭越ですけど、軍備管理を担当する米国務次官のボニー・ジェンキンスがNATOで最初のスピーチを今年（2021年）9月上旬に行いました。彼女が言っていたのは、ロシアと今後本格化させる新たな「戦略的安定性対話（以下、戦略対話と略称）」においては「新しい種類の大陸間射程の運搬システム」にフォーカスを当てたい、と。先ほど番匠さんからご説明があった、プーチンによる18年の年次教書演説の中に出てきた6種類の新戦略兵器についても、軍備管理の枠組みの中でどう扱っていくのか、米露の間で新たな規制対象の「仕分け」の交渉をしっかりやっていきたいという意図の表明ではないかと思います。

米露の戦略対話で次に問題になると見られるのは、ロシアの飛び地であるカリーニングラードにあるとされる戦域ミサイル・イスカンデルです。ＮＡＴＯの欧州諸国はロシアの戦術核に不安を抱いているので、アメリカは戦略対話の議論を通じて同盟国の懸念解消に繋げたいと考えているはずです。

最後にジェンキンスが挙げるのは２０２６年に失効する新ＳＴＡＲＴ後の米露間の戦略的な軍備管理の枠組みです。これら三つの当面の大きな課題を軸にしてアメリカはロシアとの戦略的な政策協議に臨んでいくと思います。

では、どんな「餌」を与えるとロシアは食いついてくるのか。仮にＮＡＴＯ側がカリーニングラードで査察ないしは現況確認をしたいなら、ロシアの不安解消に結びつくインセンティブを何か提示する必要がある。例えばですが、核共有によってＮＡＴＯの五つの国（ベルギー、ドイツ、オランダ、イタリア、トルコ）にある六つの基地に配備しているアメリカの戦術核弾頭に関する情報をより可視化する。米露双方が関心や懸念を抱く戦域レベルの核兵器運用について可能な範囲で意見交換や情報共有を始めることは、決して互いにとって不利益な話ではない。

ロシアがアメリカとの戦略対話に応じているのは、この座談会冒頭でも申し上げたように、核を巡る状況が「連立高次方程式化」し、かつて米ソ、米露の間に確立していた戦略的安定性が動揺していることへの不安からだと思うのです。アメリカのミサイル防衛（MD）網の拡充で、対米核抑止力に十分な自信が持てなくなっている。そんなロシアの不安の軽減を図れる提案なら、モスクワも応じてくるかも知れない。オバマ政権時代に論じられたのは、ルーマニアなどのMD施設にロシアの査察官を受け入れる、というアイデアです。東欧にアメリカが築いたMD網はロシアのミサイル攻撃力をターゲットにしたものではないことを示すのが狙いですが、結局実現しませんでした。今一度このアイデアに立ち返って、防衛用兵器を査察対象にできるのか否か、それが戦略的安定性の再構築に結びつくのかどうかを真剣に吟味してみる。そこから、今ロシアが注力しているアバンガルドなど高度な突破力を持ちうる戦略攻撃兵器への査察実現につなげていく。ディフェンス／オフェンス（防衛／攻撃）の兵器体系双方を新たな査察体系にビルトインする形で、米露間の信頼醸成、そして新たな戦略的安定性を育む道程を構想してみる。この辺りが現在の閉塞状況を打破する突破口になっていくのではないかと考えます。

バイデン政権は少なくともトランプ政権よりはこうしたアプローチに熱心ではないか。米露間の枠組みがある程度できてきたら、米露が一緒になって中国にアプローチし、この新たな体系に北京を巻き込むべく戦略対話を３カ国で進めていくことはできないか。ロシアも中国の核戦力増強に懸念を覚えているでしょうから、モスクワにとっても大きな利得があると思うのですが。

こうした大状況を踏まえつつ、日本は北方領土の非軍事化のような話も交渉カードの選択肢としながら、この時代において極東アジア全体が目指すべき戦略的安定性とは何なのか、そんな大局的な戦略論をロシアとの間でも進めていく。そうした「外交知」を生かした作業を地道に続けることで、米中露に加えて日本が主体的なプレーヤーとなり、このエリアで平和と安定の礎を創っていく集団的な営為に貢献できるのでは。日本外交にとっては巨大なチャレンジですが、取り組んでいく価値はあると思います。

ロシア人の頭の中は「9割軍事」

兼原　私はソ連崩壊の前後、ちょうど外務省のソ連課（後のロシア課）に勤務していました。欧州局には縁があり、また条約局（後の国際法局）でも北方領土担当が長かったので、ロシア人とはずいぶん付き合いました。彼らは中国人とまったく違います。頭の中の9割は軍事で占められ、お金の話と言ったら自分の財布の話になっちゃう（笑）。トップの人たちはエネルギー資源の代金を山分けしているような状況で、真面目にコツコツ商売して稼ぐ人たちじゃないんです。外国人に対する猜疑心はとても強いのですが、仲間だと思うと突然垣根が外れて、思ったことをそのまましゃべってしまう。全然、裏表がない。彼らの本音は、「国が広過ぎる。金もない。だから核を使うしかない」ということだと思います。武門の誉れ高い人たちですから、武力で押し込まれたら絶対に許さない。核使用も辞さない。エスカレーションラダーで言うと、アメリカは20階から上が核の次元だけどロシアは10階から上はもう核戦争の次元だ、という感じですね。人の住んでいない広大な領土をもっていますから、少々の戦術核くらい使っても大丈夫だろうと思っていると思いますよ。海洋戦術核の使用は平気でしょうね。

高見澤　軍縮会議の場で、２０１９年だったと思いますが、スウェーデンの代表が戦術核の使用についてロシアがほのめかしているのは挑発的だと批判したことがありました。クリミアへの侵攻についてはＥＵは一貫して批判してきたのですが、ロシアはどう反論するのかなと思っていたら、ドクトリンを説明しつつ、「その通りだ」「何が悪い」と開き直るような言い方になって、一瞬議場が静かになりました。別に大騒ぎにはなりませんでしたが。

兼原　本当に、それが素のままなんですよ。ロシア人は生粋の戦士です。手が出るのが早い。「やられたらやり返す」と平気で言う人たちですから。

番匠　自衛隊にいた時、私たちはずっと「ロシアは戦術核を使う」という前提で訓練していました。戦略的なツールじゃなくて、戦うための大火力の一部として核を使用するというのは、昔から彼らのドクトリンの中にある。だから、そういう意味では作戦、戦術レベルのドクトリンは変わっていない。むしろ先鋭化している可能性があります。

兼原　カリーニングラードというのはポーランドとリトアニアに挟まれたロシアの飛び地ですよね。もともとはドイツ帝国を立てたプロイセンが生まれたところなんですけれども、第二次世界大戦後、スターリンが上手くやってソ連領にしてしまった。バルト海に面した港湾都市です。NATOの真ん中にある真っ平らなロシアの飛び地なので、モスクワから見れば守りようがない。絶対に守ろうと思ったら、イスカンデルみたいな戦域ミサイルを置いておくしかない、ロシア人なら普通にそう考えると思います。防衛白書によれば、イスカンデルは核／非核両用で、弾道ミサイル型と巡航ミサイル型があるとされています。

番匠　ロシアの戦略は、アメリカを相手にするトラディショナルな核戦略は守る、それからハイブリッドの戦闘の中では大火力の一部として低出力の核は使う、ということに加え、「中国に対してどうしようか」というのも大きな柱としてあると思うのです。

本音では心配なんだろうと思います。なぜなら中国との国境は4000キロもあるんですから。この4000キロのロシア側には、ほとんど人はいないわけです。いろんな意味で劣勢ですし、ましてや北極海航路が使われるようになって中国にうろうろされたら不安でしょうがない。中国不信というのは根底にすごくあるはずです。だからこそ、日本がロシアとの関係を戦略的に活用するというのはありうるし、日本の立ち位置はそういう意味で重要なところがあるのではないかと思います。

いずれ対中警戒が対西側警戒を上回る

兼原　私は安倍政権の官邸にいた時、対露交渉には直接触らなかったんですけど、安倍総理がやっていた対露関係改善努力は戦略的な観点から全面支持していました。

当初、米国はプーチン大統領と安倍総理の接近にいい顔をしませんでした。日本には中露を引き裂く力なんかないのだから、プーチンによるクリミア併合後の米国の対露強硬策に付き合えという感じでしたね。私は、ロシアと中国を引き裂く力が日本にないことは十分承知しているが、NATOがない北東アジアで台頭する中国を前に、中露双方と喧嘩腰になる余裕などないんだと言っていました。もちろんクリミア半島併合後の対露制裁にはきちんと付き合いましたが。

ある退官した国務省の高官は、あと10年すればロシアも変わってくる、と言っていました。今、中国が日本の3倍の経済規模。ロシアが日本の4分の1。だから、ロシアは中国の12分の1。10年もたてば、ロシアは中国の20分の1以下の経済規模になる。しかもロシアの人口のほとんどは欧露部にいて、中国と国境を接するシベリア方面には人がいない。どんどん減っている。こんな戦略環境にロシアが耐えられるはずがないから、いつか対中警戒心が対西側警戒心を上回るときがくるのではないか、と言っていました。私は、中長期的には正しい見方だと思います。

ロシア人は、キプチャクハン国というチンギスハーンの孫のバトゥーが建てたモンゴル族の国に250年間臣従し、カラコルムやサライに朝貢してたんです。ロシア人はその時の屈辱は絶対に忘れていないから、アジア人の中国の弟分になって唯々諾々と従うことはあり得ない。アメリカがいるから嫌々中国とくっついているだけです。最近、可愛がっていたインドが西側に揺れ始めているので、一層、孤立感は深い。だから日本にも時々、秋波を送ってくる。

中露間の力の格差は隠しようがありません。中国はアメリカの国力を抜いたら、それ以降はロシアと対等な関係でいこうとは思わなくなるでしょう。でも、ロシアは絶対に中国に対して臣下の礼はとらないから、どこかで中露関係は暗転する可能性はある。その時に日本との関係が改善する可能性はある。私たちはそこまで頭に置いてロシアと付き合う必要があります。

太田 ロシアとの関係で一つ、付け加えておきたいことがあります。中国の核戦力の一部がLOW（Launch On Waring：警戒即時発射）態勢に移行していると、米戦略軍トップのチャールズ・リチャード司令官が今年（2021年）4月、議会公聴会で証言しています。第2章でも触れましたが、プーチンはプーチンで中国の早期警戒システムへの支援を19年の国際会議で表明しています。敵の核ミサイルの発射を探知する早期警戒システムがあって初めてLOW態勢が確立できる。だから、この辺りのロシアの真意はどこにあるのか。中国の核戦力がLOW態勢を取り始めると、ロシアも必ずしも心地よい精神状態に置かれるわけではなく、中国を一定程度警戒するモスクワの戦略計算にも影響が出ざるを得ないはずです。中国のLOW態勢確立をロシアが潜在的な脅威と見ているのか否か、この点は今後、よく注視し分析していく必要があると思います。

兼原　これは軍事のプロの方にお聞きしなきゃいけないんですけれども、中国は核爆弾はいっぱい持っているけれど、ISR（情報・監視・偵察）はまだあまり強くない。まさに early warning みたいなシステムは未だ弱いので、ロシア人は、それを中国に付き合って教えてやっている、という感じなのでしょうか。

太田　ロシアもその程度のことなら教えてやってもいい、ということなのか。それとも、中国のさらなる強大化を睨んだ深謀遠慮なのか……この点も日露間の戦略対話であぶり出していく必要があると思います。

兼原　これまで武器輸出のいいお得意さんだったインドが最近、日米同盟側に傾斜しているので、武器はこれから中国にどんどん売って儲ければいいじゃないか、と考え始めていると思います。ロシアは、これまでは中国には最新の武器は売ってこなかったけれど、方針を変えているのではないでしょうか。中国がロシア製の武器で強くなったら、それはそれでアメリカの警戒心が中国の方に向いて好都合だし、それがロシアにとって何か悪いことでもあるの？　ということだと思います。中露は反米を共通利益にしていますから、中国が正面に立って米国とやりあってくれるのであれば、それはそれでかまわない。そう割り切って、中国への武器輸出を強化しているのだと思います。

第５章　サイバーと宇宙

兼原　次に核抑止に与えるＩＳＲ（情報・監視・偵察）、サテライト、サイバーなどの問題について議論したいと思います。

これまでの議論でも分かる通り、核兵器の体系が進化しているのに併せて、相手の核兵器を壊すための攻撃能力も上がってきています。最近、核兵器の運用システムもサイバー空間にかなり依存するようになりましたが、依存すればするほどサイバー攻撃に弱くなる。能力の高い国は、スプーフィング（偽装、なりすまし等）とか、ジャミング（電波妨害）だってできるわけですよね。

最近では、多様な軍事衛星が出している衛星通信用の電波をあらかじめ調べ、同じ周波数の電波をぶつけてジャミングすることは宇宙戦の常套手段だと言われています。太田さんに教えてもらった話ですけれど、既にロシアはＧＰＳの信号を狂わせる能力がある。そうなると、GPSを使って軍事目標を狙っても当たらなくなる。こういう色々な妨害の手段が早いスピードで発達してきている。

第一次湾岸戦争の時、米軍は初めて宇宙衛星を戦術的に使って、瞬く間にサダム・フセインに勝利した。これを見たロシアと中国は衝撃を受け、必死で追いかけ始めた。その後、ロシアがサイバー戦技術を駆使して、特殊兵とサイバー攻撃を組み合わせたハイブリッド戦争を実施し、クリミア半島を一瞬で奪った。ハイブリッド戦争が現実のものとなったのを見た日本も米国もびっくりして、危機感を深めたわけです。

また、2007年には中国が、ASAT（衛星攻撃兵器）を使って老朽化した衛星を破壊する実験をやりました。衛星を破壊すればスペースデブリ（宇宙ゴミ）が発生することもあり、米国とロシアは大人の暗黙の了解として、宇宙は戦場にしない、ということになっていましたが、中国はその暗黙のルールを破った。暗黙の紳士協定を中国が率先して破ったことで、みんな「最早、宇宙は戦場なのだ」と思い始め、頭が切り替わってしまった。宇宙の戦場化は猛スピードで進んでいるので、今や核抑止といった時に核ミサイルが飛び交うイメージしか持っていなかったら、実態を見誤ると思います。敵に勝ちたいなら、まず潰すべきは敵の戦略用の衛星、つまり早期警戒衛星、偵察衛星、測位衛星、通信衛星、それから衛星をダウンリンクしたり運用したりする地上基地だと考えるのは自然です。敵の宇宙能力を潰しておけばミサイルの誘導すらできなくなるから、降参するしかなくなる。そういう時代に入ったのだと思います。

最近では、物理的に衛星破壊をやらなくてもサイバー攻撃やジャミングで宇宙のブラックアウトができる、と言われます。核兵器とそれを支えるシステム全体の脆弱性は大きくなっており、このサイバー戦の時代に、古典的な核抑止論はちゃんと機能するのかという「そもそも論」があります。このあたりの事情について、皆さんの意見をお伺いできればと思います。

サイバーや宇宙をやられると、核抑止は成り立たなくなる

髙見澤　このサイバーの話については、国連の場でも、軍縮会議の場でも、ＮＰＴの運用検討会議の場でも重要なテーマとなっています。核廃絶を目指すにしろ、核抑止を前提に核兵器の軍縮・軍備管理を進めるにしろ、少なくとも当分の間は核兵器の存在を前提とした上で、抑止が機能する環境をどうやって作るか、それに伴う誤認や予想外の事

態によって生じるかもしれない様々なリスクをどう減らすか、という話は非常に大きなテーマになっています。そうした議論の中で、司令部や兵器システムに直接関わるようなサイバー攻撃については、一定のルールを設けてやり過ぎを規制すべきではないか。そのような方向の施策について国際的にも真剣な議論が必要になってきています。

米露の間には一定の理解があるとしても、米中露間、少なくとも米中間では作らなきゃいけない状況になってきている。カーネギー財団のプロジェクトでは、2021年の4月に出された報告書「China–U.S. Cyber–Nuclear C_3 Stability」において、中国の立場から見てもサイバー空間においては司令部等に対する攻撃を禁止するプロトコルみたいなものを作ることが利益になる、としています。そのためのモデルとなる一案を作りましたので議論しましょう、という形で中国と対話をする姿勢を示しています（カーネギー財団は2021年12月にも「Reimaging Nuclear Arms Control：A Comprehensive Approach」と題する報告書を公表）。

一方で、サイバー空間に対する攻撃が逆に通常兵器を用いた紛争に転化していくような可能性が非常に高くなっている。18年のアメリカのNPR（核態勢の見直し）が言っている「対応しがたい事態」の中には、サイバーからのエスカレーションケースというのが恐らく入ってくる。だから、まずそのハイレベルのところでのルールづくりと、通常兵器やハイブリッド戦型のエスカレーション防止のために核抑止をどう位置づけるかという、その両側から議論をする必要がある。ただ、現実にサイバー攻撃についてはアトリビューション（誰が仕掛けているかの判断）の問題も含め、技術的に分かりにくいところが多い。また、サイバーはデュアルユースの技術であって、軍事利用と言っても民間技術の方が先行しているところがあります。その上、ミサイルや航空機は核／非核どちらでも使えるシステムがありますから、この意味でもルール作りは非常に難しい。さらに最近では、民間の衛星や他国の衛星に軍事利用も可能な機能を搭載することにより、より攻撃されにくいように、ターゲットを複雑なものにすることで、システムの抗堪化を図る動きもあります。その意味で社会経済システムと軍事システムが繋がってしまい、その境界がますますグレーになってきている。もっと言えば意図的にそういう状況が作られているという現実があります。何かささいな突発事案でも、それが大きな事故になってしまえば、これはもう手がつけられないので、対応を急ぐ必要があります。

核兵器禁止条約を推進するグループと核抑止力を重視するグループの共通的課題はリスクリダクションにあるわけですから、サイバー分野における施策について、モデル協定的なものをいくつか作って提示し、議論をする。日本が毎年国連に出している核廃絶決議においても、リスクリダクションは重要なテーマになっているわけですから、核廃絶グループも立場の違いはあっても一番重要な問題として取り組むということが大切ではないかと思います。

番匠　ここは非常に重要なポイントだと思います。核兵器のオペレーションを考えても、実は宇宙やサイバー空間がなければ成り立たないのですよね。衛星システムやGPS、早期警戒システムなど運用を支えるインフラがないと核兵器の運用は成り立たない。だから、核兵器だけを見ていても駄目だというのはある。

こうしたシステムを動かすための指揮中枢も、いうまでもなく重要です。ここがミサイルの精度を決定したり、平素からの警戒監視、SSA（宇宙状況把握）システムなども担っている。このシステム運用の部分でどちらがドミナンスをとるかというのは、核戦力そのものと同じくらい重要になってきている。

それを良く分かっているのは中国です。それこそあらゆる手立てで技術・情報を盗取しようとしたり、相手を無力化しようとしている。先ほど兼原さんが仰ったように、2007年には世界で初めてASAT（衛星攻撃兵器）を使って、宇宙空間にごみを散らばらせてしまった。弾道ミサイルと一緒で、能力の優位を獲得するために中国は今後も実験を繰り返すでしょう。軍民融合戦略と彼らは言っていますけれども、軍と民が一体になって、非合法なことを含めたあらゆる手段を使ってそういうことをやろうとしている国が、中国やロシアという我々の相手なんだろうと思います。

非核攻撃でも核報復の対象になりうるケース

番匠　そういう認識の上で、私は三つほど重要なことがあると思います。

一つは時代に即した発想の転換です。今申し上げたように、核兵器の議論をする時にミサイルと弾頭の兵器の話だけしていればいい時代ではなくなってきた。宇宙やサイバー空間を含めたトータルのシステムとしての話をしなければいけない。

次に、これをしっかりと監視したりコントロールする国際的な枠組みというものが必要になってきている。私たちはＮＰＴ体制をはじめとして、核の不拡散のためにいろいろな仕組みを作ってきましたが、新しい時代の先端技術の進展に即した安全保障上の枠組みは新たに考えなければなりません。

三つ目が、如何に抗堪性（敵の攻撃に耐える力）を強化していくのか、というレジリエンシーの視点です。例えばＥＭＰ（電磁パルス）攻撃を受ければ電子機器が全部駄目になると言われますが、核を持っている国は当然それを想定した上でシールドを作っているだろうと思います。日本は非核国ですが、サイバー攻撃やＥＭＰ攻撃などの新たな手段によって核兵器によるものと同じくらいの甚大な損害を被る可能性があるので、その抗堪性をどう上げていくかを考えなければなりません。

太田　全く番匠さんの言われた通りだと思います。Ｃ５ＩＳＲ（指揮・統制・通信・コンピューター・サイバー・インテリジェンス・監視・偵察）が重要なのは、アメリカもロシアも中国も一緒なわけです。トランプ政権が出した２０１８年のＮＰＲでは、ここに対する攻撃は「非核戦略攻撃」であり、場合によっては核報復の対象になる、というメッセージを出しています。アメリカは自国の核兵器システムが依存するＣ５ＩＳＲへの攻撃を潜在的脅威と感じているから、そういうシグナルを発信したわけですが、今後、サイバーやＡＩなどの新興技術と従来の核戦力体系が交錯する領域をいかに制御・規制していくのか、という視座が極めて重要になります。

相手の通常戦力の能力を削ごうと考えてサイバーやドローン、極超音速兵器を使って先制攻撃を仕掛ける。仮にその攻撃で相手のC５ISRを破壊したら、攻撃を受けた相手側は、自国の核戦力の運用能力を破壊することが先制攻撃を仕掛けた側の意図である、と分析する恐れがあります。この辺りの問題意識をあらかじめ議論し、認識を共有させておく必要がある。少なくとも米露の戦略対話では、こうした問題をテーブルに載せるべきです。そして、核保有国は互いのC５ISRに対する攻撃を自制する、少なくとも核戦力が絡むものについては絶対攻撃しませんというプロトコルを作る必要があるのではないか。さらに宇宙領域に配備する兵器システムにも議論の対象を広げていくことが大事だと思います。米露間でそうしたモデルを形成し、中国に対しても議論への参加を呼び掛けていく。「こういうモデルを土台に新たなルール・オブ・ゲームスを構築しないと、そもそも抑止力は成り立たない」との認識共有を米露間で深め、中国にも訴えていく必要があります。

番匠　サイバー攻撃によってシステムをダウンさせたり、誤作動させたりというようなことは、今までも多分あったんですね。量子技術が進歩してくると、暗号も突破されてしまうかも知れません。

核と新しい技術の関係は、常に追いかけっこです。核の装備にはお金がかかりますが、核の能力を無力化したり、不利に使わせたりするようなサイバー攻撃は、技術力のある少数の人間がいれば、お金をかけずにできてしまう。だから、ここのプロテクションは本気で考えないと。サイバー防衛の中でも特に優先順位の高いものという気はします。

最後の手段だった「インフラ落とし」が最初に

髙見澤　ルール作りの必要性についての指摘はよく分かります。核兵器システムに対するサイバー攻撃のルールづくり、すなわち抑止相手国同士における攻撃の禁止という話と、国家ならざる主体による横紙破りのような攻撃の防御、あるいは反撃については分けて考える必要があると思います。ルールづくりが機能するのは国家間だけですが、それでもどう信頼性を確保するのかという深刻な問題があります。ましてルールに縛られない他の形で攻撃を受けるのだとしたら同じルールではうまくいかない。アメリカのサイバー戦略はこの点について明確であって、プロテクトするためには、パーシスタントエンゲージメント（24時間どこでもあらゆる手段で対応するという考え方）やフォワードディフェンスという形でサイバー攻撃の源を常時見張っていて、いざというときには防ぐだけではなく、それを混乱させる、場合によっては取られたものを取り返すなど積極的措置（アクティブ・サイバーディフェンス）をとることを明言しています。これにはイギリスやオーストラリアなども協力しています。そこの部分を抜きにすると、非常に危ないというか、誰も対応できなくなってしまうので、その点には留意が必要かと思います。

太田　やはり「核兵器本体を支えるシステムには触るなよ」という国家間の合意形成はあっていいと思うのです。Ｃ５ＩＳＲ絡みの宇宙衛星やＧＰＳ機能、赤外線センサー、レーダーなどですね。ここを触ったら抑止機能の崩壊につながり、お互いにとってすごく危ないゲームになる。だから、そこはまず核兵器国同士でルール作りを考えようよ、という発想はあっていい。

兼原　昔の戦争では、インフラを落とすというのは最後だったわけです。局地戦をやって、全面戦争になって、鉄道とか船舶とか電力などのインフラを潰し、コラテラル（二次的）な（巻き添え）被害として敵の民間人が死ぬこともやむを得ない。これが従来の戦争でした。ところが、今では一番初めにインフラを落とせる。しかもＢ－29の大編隊なんていらない。子どもみたいな天才ハッカーが４、５人いれば済んでしまう。ここから戦争が始まる可能性は結構高いと思います。

それに対抗しようとすれば、じゃあ先手を打ってマルウェア（悪意のあるソフトウェア）を埋め込んでおこう、というようなことになる。それは当然、平時にやるわけです。有事と平時の境目がなくなり、ある日突然、電気が落ちて丸裸になり、戦争になる、ということがありうる。そのとき、いきなり核で報復するぞと言うのか。新しい戦争形態の中での抑止のあり方、核の位置づけは問い直されなければなりません。

攻撃主体をトレースする仕組みの構築を

高見澤　少なくともコロニアルパイプラインの話（2021年、サイバー攻撃を受けた米石油パイプライン会社がハッカー集団に身代金を支払った事件）については、笹川平和財団のセミナーでも詳しい説明がありましたが、ネット上で収集できるいわゆるOSINT（オープンソースインテリジェンス）だけでも、システムがどのように構成されており、どこに脆弱性があるのかが簡単にわかってしまう。その脆弱性を利用すれば大量の情報を窃取することができる。これは少しは是正できる部分もあるのですが、究極的には重要インフラが多くのユーザーに開かれていなければならない以上、そこに本質的な限界があることはいわば宿命でもあります。

そうすると、重要インフラを守るためには、ディープサイトも含めて攻撃する源を把握し、常に警戒し、アトリビューションができるように普段からフォワードディフェンスをすることが必要になります。流れているパケットをすべて押さえる態勢を取っておくという、まさに平素の戦いです。そのような態勢を平素から構築しておかないと容易にエスカレートし、被害が連鎖的に広がってしまいます。

兼原　アメリカなんかは、軍と政府と、更にシステムを作った企業と軍需産業を囲い込んだ政府のクラウドがあります。鉄壁のファイヤーウォールで囲い込まれたデジタルの城があるんですよね。この守りは固い。しかし、パイプラインみたいなローテク系の企業は入れてくれない。重要インフラであるにもかかわらず、剝き出しになっているわけですよね。なので、簡単にやられてしまう。

ところで、日本政府には、そもそもこういう鉄壁のファイヤーウォールで守られた政府クラウドがない。また、サイバー能力の高い自衛隊は、自衛隊しか守ってはいけないという法制度になっているから、政府をサイバー攻撃から守らない。米国では、政府のサイバーセキュリティは国防総省の所管と聞いています。この辺の足腰の話もきちんとしていかないといけない。

高見澤　ネットというのは不特定多数のユーザーを前提にしていて、必ず開いている。まさにその開いているところが狙われるので、どこが攻撃を仕掛けてくるかをいつも見ていない限りは適切な対応ができない。逆にそういう態勢が構築できれば、やられてもすぐ攻撃元が分かる。だから、コロニアルパイプラインのランサムウェア（コンピューターを感染させ、それを復旧させる代償として身代金を要求するのに使われるソフトウェア）については、払った身代金を取り返すまでいったわけでしょう。こうしたことができれば、同じような事案に対する抑止というか、サイバーデターランスになります。現実にこの措置の後は、同じところからのランサムウェア攻撃は一応おさまったと言われています。

太田　私は門外漢で実態は分からないのですが、アトリビューションの能力強化というか、核の世界で言ったらニュークリア・フォレンジック（核鑑識）という技術を向上させる議論が２０１０年代に国際的に進展した。オバマ政権が核テロ防止のために核セキュリティサミットを開催する流れもあり、政策論議や技術研究が活発化しました。

仮に核テロが発生した場合、使われた核物質が元々どの国のどの施設で生成されたのか、ウラン２３５やプルトニウム２３９などの核物質や不純物の組成から絞り込んでいく。つまり「核の指紋」を分析・照合する核鑑識技術の活用です。あらかじめ、核物質の起源がどこであるか、組成分析の内容も合わせてデータベース化することによって、核テロなどの有事が起きた際、現場に残された核物質や核分裂生成物の組成分析を行うことで、核物質の「製造元」をトレーシングできる能力整備を従前から図っておく。そうすることによって、核物質を簡単に横流しできない体制づくり、言ってみれば流出防止の抑止体系を構築しておく。この取り組みにはアメリカがかねて非常に熱心であるし、日本原子力研究開発機構（ＪＡＥＡ）も積極的な技術開発に取り組んでいます。サイバー領域についても、攻撃元をトレースできる能力を整備することで攻撃を抑止するシステムを作れないものなのか。現状ではあまり進んでいないのでしょうか。

兼原　マルウェアの出所を見つける研究は世界では進んでいますが、日本ではあまり進んでいない。

髙見澤　トレーシングについては、小型武器の分野でも違法な流通に対応するため、痕跡が消えないような方法が重視されており、最新技術を取り入れてかなり進んでいる部分もあります。一方、サイバーのアトリビューションについては限界があります。国連のサイバーセキュリティに関する政府専門家会合（ＧＧＥ）において２０２１年５月に報告書がまとまりましたが、アトリビューションについては少し進展がありました。もともと15年の国連ＧＧＥの報告書において、「サイバー事案に関しては、国家は、事案のより大きな文脈、ＩＣＴ環境におけるアトリビューションをめぐる課題及び生じている結果の性質及びその広がりを含むすべての関連情報を考慮すべきである」という規範に合意していました。ここではサイバー事案が生起してもアトリビューションは慎重にというトーンが濃厚です。21年5月の報告書ではこの点について具体化が図られ、評価に含むことができる側面として、堅固な事実に支えられた、①技術的属性、②事案の範囲・対象・規模・影響、③国際の平和と安全に与える意味あいなどより広い文脈、更には④当事国間の協議の結果が示されました。ロシアはこの合意について評価していますし、アメリカはもともとアトリビューションが必要とされるレベルについてはケースごとに考えるというアプローチをとっていますので、この報告書はそのラインに沿っているとも考えられます。攻撃者を特定して訴追する、制裁するというようなケースから、事案を公表して攻撃者の名前を特定して非難する（いわゆるレピュテーションリスクを与える）、水面下の二国間協議で警告するなど、幅があります。アトリビューションが完璧にはできないということを前提にしているわけで、アトリビューションの確実性が高くなければ一切の対応措置がとれないということではない。

アメリカが制裁措置とか対抗措置をとるときには、アトリビューションをサイバーの世界だけじゃなくて、他の状況証拠とかスパイの情報とかを合わせて総合評価をしているという現実があるわけです。ただ、より低強度なものに対しては、より国際的で協力を強化したメカニズムを作っていくということが、結構有効じゃないかなという気はします。P5の会議みたいなものですよ。それ以外の国とは何とか収まるけど、5カ国同士の話はなかなか収まらないという感じです。

サイバーの総合戦略を担う部署が存在しない日本

兼原　髙見澤さんは、NISC（内閣のサイバーセキュリティセンター）のセンター長を務められました。日本のサイバーの総元締めです。
日本のサイバーの議論を聞いていてすごく違和感があるのが、まずアトリビューションって言いますけど、専門家以外はそもそもサイバー空間のイメージがない。サイバー空間は、可視化ができない。光も音も時間も距離もない。だから国境もない。「突然出てくる敵が誰だか分からない、どこから来たのかも分からない」ということが普通なんですよね。だから攻撃された瞬間に報復する。少し時間がかかっても誰か分かってきたら報復する。これがアクティブディフェンスです。「こいつに手を出したら仕返しされるから怖い」ってハッカーに思わせれば、手を出してこない。髙見澤さんの仰るように、○○町○丁目のビルの5階にいるこいつが犯人だというところまで確実にアトリビューションしないと報復してはいけないなんて言っていたら、絶対に間に合わない。

髙見澤　ランサムウェアについては、コロニアルパイプラインのように大きな被害を受けても、最後は米国政府が対応して短期的ではあれ攻撃の根元を断つこともできるわけです。そうするとアメリカは怖いから弱い国に攻撃が向かうということも起きる。弱い国にとっては、弱点を晒すことになって逆効果ではないかということになる。日本では、表面化していないランサムウェア攻撃が多いのが現実ですから、自分のところは自分で守れる力がないと結局はダメなんですよね。

兼原　平時からアクティブディフェンスの話をちゃんとやんなきゃだめですよね。かつそれは政府全体に加えて、防衛産業、重要インフラ産業、政府の情報インフラを作っている電子産業も含めてです。

髙見澤さんがトップにいたＮＩＳＣは「事態室」で、事態対処型の組織ですよね。事件が起きた時への対応が仕事で、日頃から日本政府全体、日本全体のサイバーセキュリティのシステムをどうするかとか、そういうシステム構築の部署ではない。デジタル庁は、菅総理のイニシアチブでできて良かったと思っていますが、政府全体のプラットフォームの統合や国民サービスの向上に力点があります。「ハンコもＦＡＸもいらない。おばあちゃんでも使えるｉＰａｄ」というところに力点があって、鉄壁のサイバーセキュリティの実現をどうするかというようなところはやってないと思います。

髙見澤　デジタル庁が手がけるのは、どっちかと言えば、政府、独立行政法人、政府と地方公共団体のシステムを効率化する仕事だと理解しています。民間企業で言えば、例えばソフトバンクグループ傘下にあるＰａｙＰａｙ、ヤフオク!、ＬＩＮＥ Ｐａｙなどについて、最終的にはシステムとして全部統合するような方向にいくでしょうし、企業を超えた相互乗り入れももっと進む方向にある。一方、政府系のシステムについては、省庁別にそれぞれが切り離されており、また一つの省庁の中でも改編前のシステムが至る所に残っているのではないでしょうか。それから、何千とあると言われている地方公共団体のシステムについて、それをいくつかの基本的なパターンに統一しようとしているわけですが、そちらの方の話はある程度できるかもしれない。
でも問題は、そういうデータなり何なりに対して攻撃されたり、盗まれたりした時に政府が責任を持って対応できるのか、という点です。悪いことをする奴のデータをどう貯めるのか。悪いことをする奴をどうやって追いかけるのか。それはデジタル庁の話ではない。NISCでもできない。だから、政府内のデータの統合をどう進めるか、その統合されたデータをどう生かしていくかを考えなければならない。安全保障上の観点をどう取り入れるかという点に知恵を絞る必要があると思います。

兼原 デジタル庁は基本的に、各省庁、各地方公共団体がバラバラに別の会社と契約してシステム構築をしている現状を、政府全体で統一したシステムにしようとしているのだと思います。統一プラットフォームによる電子政府化です。今までは、うちは日立、うちはパナソニック、うちは三菱電機みたいな虫食い状態になっていて、効率が悪いわけですよね。「何で全員アップルにしなかったの?」というのが現状なわけです。今、遅ればせながら、やっと電子システムの統合をやっていて、その過程でFAXをなくす、ハンコをなくすということです。それだけでも大変なんですけど。電子的に統一された政府のデータをどう守るのかとか、ディフェンスを強化するのかっていうところには、まだ頭が行っていません。だから機微度の高い情報を扱うインテリジェンスコミュニティの各省庁は、デジタル庁とは距離を置きたがる。

本来ならば、インテリジェンスコミュニティを組み込むほどの鉄壁のファイヤーウォールで守った政府クラウドを立ち上げて、政府職員にも扱う情報の機微度に応じて厳しい「身体検査」を行い、その上で情報アクセスの為のクリアランスを与えるのが筋です。酒癖、女癖、浪費癖、賭博癖、借金の状況、家族の病気等、敵性国家の諜報機関に狙われやすい人には機微な情報を触らせないというのは、世界の情報機関の常識です。

米国では、数千人規模の職員を使って政府職員のクリアランスのための審査をしている。政府が使うシステムに個人のパソコンを繋ぐなんて絶対に許されない。官給のパソコンは、ハードディスクをつけてはいけない。印刷もできない。データをダウンロードしても、見終わったらすぐに消えてしまう。これが本当のサイバーセキュリティの世界です。以前、ファイブアイズの国の大使に、日本の現状を説明したら、「じゃあ、どうしてデジタル庁を作ったの？」と言って驚いていました。

第6章　日本の核抑止戦略

兼原　次に日本の核抑止の話に移ります。

まず戦後の核抑止論を巡る経緯を簡単におさらいしたいと思いますが、同じ敗戦国のドイツと比べると、日本の特徴が際立ちます。ドイツは日本と戦略環境、国内政治状況が全く違っていた。まず国が二つに割れていました。西ドイツでは1955年にドイツ連邦軍が創設され、NATOにも加盟しました。前述したように、左翼政党の社会民主党（SPD）も59年のゴーデスベルク綱領でマルクス主義と決別し、立ち位置をはっきりと西側に置いた。だから、ドイツには日本のような国内冷戦がなかったし、69年にSPDが政権を取っても安全保障政策は変わらなかった。

通常兵力で劣勢だったアメリカは、冷戦当初、大量の戦術核をドイツに持ち込んでいました。この頃はまだ「でかい爆弾」という意識だったのですが、そのうちイギリスとフランスも核を持ってしまった。敵の最前線にいるドイツは、自分たちもドイツ配備の核兵器には発言権と責任を持ちたいと思っていました。それが結局「ＮＡＴＯ核」という形で結実していく。ＮＡＴＯである程度核を管理して、もし戦いが始まったらＮＡＴＯ軍としてそれを運用する、というところまで来ました。

日本は全く逆の道を歩みました。ドイツのように国そのものは分断されませんでしたが、イデオロギーで国内が東西陣営に真っ二つに分断された。55年体制が立ち上がって、アメリカ寄りの自民党対ソ連寄りの社会党という構図になったわけです。また、日本はドイツに比べて戦略環境が恵まれていた。島国ですから、地続きのドイツのように陸上国境を踏みにじって大軍が攻めてくるということはない。特に、中ソ対立の後、70年代には中国が西側に寝返った。しかも、ロシアの死活的な利益はウラル山脈西側の欧露部にあった。ロシアにとってシベリアは大きな甲羅みたいなもので、戦略的縦深性を確保するための空間に過ぎず、核心的利益ではありませんでした。有事になれば極東ソ連軍が攻め込むであろう北海道に切迫感はありましたけれども、ＮＡＴＯ軍とワルシャワ条約機構軍が陸上で常時対峙していたヨーロッパほどの切迫感はなかった。

国内冷戦による政治的分断と恵まれた戦略環境の故だと思いますが、吉田茂、岸信介が日米同盟を作ってから、中曽根康弘が登場するまで、核問題に真剣に取り組んだ総理は一人もいません。中曽根さんの後にも暫く出ない。日米首脳会談で核問題が真剣な議題に上がったことは1回もない。アメリカは、自分の核抑止力は強化するけれども同盟国には持たせないのが基本方針で、「NPTに加入すれば米国の核の傘がもらえるよ」というディールを世界中の同盟国に対して続けてきた。日本は、NPTに入る時には若干、自民党に抵抗がありましたけども、入ってしまえばそれが当たり前になってしまい、「その核の傘は本物ですか?」とアメリカに聞いたことはない。

佐藤栄作総理は沖縄返還の時に非核三原則を持ち出してノーベル平和賞をもらいましたが、沖縄の核はどうしてあったのか、と考える人はあんまりいない。なぜアメリカが沖縄から核を引いたのか、と考える人もいない。沖縄から核を撤収して日本は安全になったのか、と詰めて考えている人もいない。

「非核三原則」は維持可能なのか

兼原　冷戦の初期には、米国は「沖縄は絶対に核攻撃させない。相手が大編隊で空爆に来たら核ミサイル一発で全部ぶっ飛ばしてやる」ということだったと思いますが、沖縄返還の頃は、ちょうど米中国交正常化のタイミングにさしかかっていた。戦略環境が劇的に良くなっていたわけです。そこで「もういいか」とアメリカも思ったのかも知れない。それが「非核三原則」による佐藤首相のノーベル平和賞の背景だったんじゃないかという気がします。

政府は核の持ち込みと事前協議の枠組みを作りましたが、これも経緯が全部明らかになっている。太田さんが一番詳しいと思いますけど、私の理解は、60年の日米安保条約改定当時、日本が「（寄港する米水上艦艇は核兵器を）持ってる？」って聞いたら、アメリカは「持ってる」と答えちゃうから日本側は「聞くのをやめよう」、アメリカは「持って行っていいか？」って聞いたら、日本が「ノー」と答えてしまうだろうから「聞くのをやめよう」。どっちも「聞くのをやめよう」と思って聞かなかった、ということだと思います。

冷戦終了後、しばらくして当時の事情が明らかになったことは、それはそれでよかったと思います。それまで、政府は「持ち込んでいいかと聞かれていないから持ち込んでいない」と言いつづけましたが、野党とマスコミは「持ち込んでいるに違いない」と騒いだので、皮肉なことですが、核抑止の宣言的効果は多分にあった。その後、ブッシュ政権の時代に冷戦が終わって海上配備の戦術核はなくなったので、持ち込みの問題は事実上消えてしまった。それでも、今後どうするかという問題については、岡田外相が「将来の内閣が決めればいい」と言ったように、先送りされているということです。

そこで「これからどうするか」ですが、今また戦略環境が激変している。台湾問題が急浮上したという現実が目の前にある。中国の通常戦力は圧倒的で、かつ増大を続けている。日本の命綱は米国の核の傘ですが、これをどうやって強化してもらうのか。日本がミニットマン（ICBM）とかトライデント（SLBM）とか空中発射の巡航ミサイルなどの戦略核兵器を何とかしてくれと言っても、あまり意味がない。戦略核の管理は、核大国の米国がロシアとの均衡などを考えながら自分たちの都合でやります。日本はむしろ、この地域の戦術核をどうするかということを考えていく必要がある。

航空自衛隊が配備を進めているF－35はデュアルユース（核／非核対応）ですから、積もうと思えば米国の核ミサイルも積めるわけですよね。ならばドイツみたいに私たちもアメリカの核の傘を一緒に背負うのか。それともこれまで通り、アメリカに一切お任せで行くのか。そろそろ真剣に考える必要がある。

あと横目で見ておかなくちゃいけないのは、F－35を用いた核兵器の共同管理などは韓国もやる可能性があることです。韓国は日本と違って、核兵器を持ちたい国です。何らかの形で戦術核が再度韓国に持ち込まれれば、韓国政府はドイツのように配備、運用に関して発言権を求めるでしょう。米国が域内配備の戦術核を復活させるとなったら、日本はどうするのか。岡田外相が先送りにした事前協議の問題に正面から答えなくてはならないし、次回は国民に対して正直に説明して納得してもらわなくてはなりません。そろそろ腹をくくる必要があるんじゃないかなという気がいたします。

本日は二つ、皆様にご意見をお伺いしてみたい点があります。ローレス元国防副次官が2020年に『ウェッジ』で発表した論文の中で、日本もNATOみたいな核シェアリングを考えたほうがいい、と公に言っています。私の記憶だと、1990年代にウィリアム・ペリー国防長官が、後にオバマ政権で国防長官になるアシュトン・カーターと一緒に『ウォール・ストリート・ジャーナル』に書いた論文で、「日本とのダブルキーを認めよ」と言っていたことがある。日本では全くニュースにならず、外務省の中ですら「What is double key?」って言っているくらいでした。「えっ、ドイツってNATO核を持てるの？」とか言っているレベルだった。

もし、核シェアリングをやるのであれば、台湾有事に関わるであろう国、つまり豪州、場合によっては韓国、イギリス、フランス、そして台湾とも、台湾有事にテイラーメイドした核抑止協議をしなくちゃいけなくなるかもしれない。この辺についてご意見を承れればと思います。よろしくお願いします。

「瓶の蓋」論と裏腹だったシェアリング論

高見澤　アメリカの日本に対する拡大核抑止、いわゆる「核の傘」の提供は、「日本の核武装化を抑える」ということが根底にありました。いわゆる「瓶の蓋」論です。戦略環境がアジア正面では恵まれていたということもあって、アメリカは核抑止を提供しながらそのメカニズムや中身についてはあんまり話をしないでおこう、という状況が続いた。日本もそれを甘んじて受けいれてきた。

兼原さんが言及されたペリー論文も、根底には「瓶の蓋」論があると思います。当時、北朝鮮の核危機がありましたが、いろんなシナリオがある中で、ペリー国防長官は韓国だけでなく日本の核武装化も気にしていた。恐らく、それを防ぐための一つのアイデアとして、ダブルキーに言及したのでしょう。しかし、日本はそこまで真剣じゃなくて、全く反応しなかった。だから北朝鮮の核問題については六者協議という枠組みで中国に積極的に関与させようとして、日本の核武装の可能性をアメリカが中国に吹き込んだけれども、日本は全然その気がないということで中国は本気で北朝鮮を抑えようとはしなかった。そういうような流れがあったというふうに理解しています。

じゃあ今後はどうするかということですが、まさにローレスが言っているみたいに、日本にはずっと部隊を置いているわけですし、横須賀には第7艦隊も来ているわけですし、アメリカとしても日本にしっかりしてもらわないと抑止能力そのものが毀損される、というふうに変わりつつあるんではないか。ただ、日本のほうはまだ、世論との関係やいろんな政策との関係で率直な分析ができていない。

私自身は、すでに申し上げているように、世の中の状況が変わり、今までと同じような発想では続けられなくなったので、核の話も含めて考えていくべきであると思います。核廃絶の目標もその議論の中に入れ、リスクの削減について考えながら、当面は抑止力が弱まる可能性が出てきているので、そこを乗り越えていく方策を考える。核廃絶なり核軍縮を進めるためにも核抑止に関する議論をやっていくことが必要な時期に来ているのではないか。当然の前提として、中国は核戦略の三本柱（ＩＣＢＭ、ＳＬＢＭ、戦略爆撃機）を強化し、いわゆる相互確証破壊（ＭＡＤ）の概念も含めて米国との関係でも対等な核戦力を追求しようとしている、という事実がある。その観点から、中国の戦略への対応策を考えていく必要があると思います。

これは核兵器に限った問題ではありませんが、いわゆるシェアリング的な議論や、相手国に対する攻撃をする際の役割分担といった議論をするとき、最大の課題はターゲティングでしょう。敵地の情報をどう押さえるかですが、それはイギリスも十分にはできていなかった。ターゲティングのところまで含めて本当にできるのかを考えておかないといけない。抽象的にシェアリングや役割分担の議論をしても、今とあまり変わらないのではないか。日本自身がＮＡＴＯにおける状況や最近の実例に関する冷静な分析の上にたって、主体的にどう考えていくかということが重要です。あのイギリスでさえ、9・11テロに対するアフガニスタンへの対応において、トマホークを単独では撃てなかったという現実の重みを考える必要があります。

こうした議論に当たっては、考慮する要素をたくさん並べた上で比較する必要があります。そこはある程度、オープンにやらないといけない時期に来ている。オープンのところで議論をしっかりやった上じゃないと、恐らく静かな検討や掘り下げた議論もできない。従来の、「外野がうるさいので静かに議論するためにオープンな議論は避ける」という発想では、もう続けられないだろうと思います。

打撃力の議論を始めよ

番匠　私は、冷戦期ヨーロッパでニュークリアシェアリングの話が出てきた時と今を比べたとき、似ている部分と違う部分があると思います。似ている部分は、先ほどから申し上げているように、相手方の圧倒的な脅威を前に我々があまりにも劣勢であるということです。NATOはそれを、自分たちが核を持つことによってバランスしようとした。その戦力のアンバランスの類似性をどう考えるかというのが一つです。

違う部分の方は、あの時は相手が一つだったのに、我々には中国、北朝鮮、ロシアという三つの相手があるということです。それぞれ独特で、かつ違う考え方の下に、使用のハードルの低い核戦力を持つ国が周辺に三つもあります。

そういう中で我々のことを考えてみると、アメリカは世界の超大国として日本に核の傘を提供し、同盟国をどうやって守るかを一生懸命考えているけれど、中国の力の伸長があまりに著しく、冷戦期よりもはるかに厳しい状況に置かれている。

また、日本の国力も違う。日本の国力が停滞していたこの30年の間に、中国が経済規模で日本を追い抜き、いまも国力を増強させ続けている。これは冷戦期に日本の置かれていた政治的、軍事的な環境とは全く違っている。だから、昔のままでいいとはとても言えない。日本の役割ということを真剣に考えなければならない時期に来ていると思います。もちろん防衛努力は続けなければならないし、日本だけではできないから仲間も増やして同盟強化と多国間協力も進めなければならない。この辺のところをトータルに考えていく必要があるだろうなと思います。

沖縄の核の話は太田さんに教えていただきたいのですけれども、なぜ沖縄に核があったのか。沖縄返還までの戦略環境を考えると、やっぱり対ソ抑止のためのツールとして極東に必要だった、ということがあったのではないか。

もう一つは北朝鮮対応じゃないかと思います。60年代から70年代というのは結構、北朝鮮がらみの事案が多かった。青瓦台への北朝鮮特殊部隊による襲撃未遂事件（1968年）とか、プエブロ号事件（1968年にアメリカ海軍の情報収集船が北朝鮮に拿捕された事件）

とか、いろんなことがありましたけど、いずれにしてもまだ朝鮮戦争が終わって緊張の高い中だったから、北朝鮮に対する戦術核の使用はオプションの一つとして持っておく必要があったのではないか。だとすれば、当時の兵器体系の中でどこに置くかといえば、韓国と日本というのは当然あったんだろうと思います。だから、ニクソンは沖縄返還の時にも本音ではそのまま置いときたかったのかもしれない。様々な交渉の中で核抜き、本土並みということになりましたけれど。

　では、これからどうするのかということですけれども、先ほどもＩＮＦのところで出ましたが、そろそろ一つ前に踏み出していく時期に来ているのではないか、という気はします。ただ、日本がＮＰＴから脱退してまで独自核武装するかというと、その選択肢は考えられない。では、どういうスタイルがいいのか。まずはこれまでのような通常兵器による防衛力整備で頑張っていくことは当然として、ミサイル防衛もしっかりやる、あるいは国民保護等を含めた抗堪性を高めることも当然あります。でも、受け身一方、拒否的抑止だけでいいのかというと、もうそれでは済まないんだろうと思うんですね。だからこそ、長射程ミサイルの配備のような、打撃力の必要性の議論が出てくるのだと思います。

私は、一つのアイデアとして、ドイツ型のニュークリアシェアリングを真剣に検討し、日本の核戦略を考え、それに基づく抑止態勢を構築することの価値は大いにあると思います。私も最近ローレス論文を読んで、ああ、アメリカからこれが出てきたか、という一種の驚きと、それだけ事態は切迫しているのだということを改めて痛感する思いがしました。だから、まずはこれを本音でしっかりと議論していくということが大事ではないか、という感じがします。

核の傘を「破れ傘」にするなかれ

兼原　アメリカが地上発射のトマホークミサイル（核／非核両用）を配備する話とかありますよね。私は自前の通常弾頭の国産中距離ミサイルの開発・配備が先だと思っていますが、もし地上発射のトマホークを本当に入れるとなったら、隣の北朝鮮が核武装した韓国の方が先に入れてしまうかもしれません。そうなると先ほど申し上げたように、米韓同盟の方が先に核同盟になってしまいます。私は、米国の中距離核ミサイルを日本に持ち込むのであれば、当然、共同管理が必要だと言うべきだと思う。地上発射の核ミサイルを持ち込まれた後に、米国に勝手に撃たれたらかないません。共同管理と言っても、実際には日本に持ち込まれた米国の核兵器の運用に対する日本のグリップが強くなるということだと思います。核持ち込みの事前協議だけではなく、核兵器の使用、更には共同使用のための事前協議が始まる。それはまさにドイツのやったことです。

高見澤　そう。形式的な事前協議かまじめな話かっていう、そういう感じですよね。

兼原　結局、持ち込み（核配備）協議に加えて核の運用協議が加わるということになる。だとすると、さっき髙見澤さんが仰ったような、ターゲティングまで一緒にやることが必ず必要になります。例えば、もし日本のF－35で米国の戦術核を使うということになってくると、プランニングも一緒にやらねばならない。そうなればNATOのNSG（ニュークリア・スタディ・グループ）と同じになる。

髙見澤　最近の日米同盟に関する議論では、これからは本当の「責任共有」の時代だということがよく言われます。これは40年以上前に大平総理が諮問された「総合安全保障研究グループ」の報告（1980年）に出てきます（「各国が協力してシステムの維持・運営を行う『責任分担による平和』の時代に変わった」）。40年以上前からこれからはアメリカ依存ではなく責任共有の同盟だと言っているわけです。日本の国力は当時はまだ上り調子だったわけですが、苦しい今だからこそ、抑止力をどう維持・向上させるかの議論に踏み出す時期だと思うんですよね。

番匠　核の傘を破れ傘にしてはならないのです。傘ならちゃんと雨が漏れないようにしなきゃいけない。そのために我々は何をしてきたか。10年前から拡大抑止協議が始まりましたけれども、もっとレベルを上げて首脳同士から始まって、国の正式の戦略としてスタートする仕組みをつくるべきかと思います。

兼原　本当は、核協議は首脳レベルから始まるべきものだと思うんですよ。核兵器とはそういうものです。ドイツはそれをきちんとやってきたわけですし。

番匠　その大方針があって、じゃあ具体的にどうするか、という話になる。日米ガイドラインで何をするかの方向性が見えてきて、ミリタリーの世界も共同で議論ができるんですよね。それがないと議論すらできない。最初の仕立てをどうするかということが非常に重要になってくる。

兼原　（本章の）冒頭でも申し上げましたけど、中曽根総理の時を除いて、日米首脳会談で核問題が真剣に話し合われたことって1回もないんですよ。日本は広島・長崎の経験があるので、そこに触れたらドイツとは全く違う反応が出る。内政上、いいことにはならないからということで、政治の判断でずっと核の問題に触らずに来てしまったんです。だから外務省はもちろん、いまや自衛隊の中にも核の専門家がほとんどいない。そうなってしまったんです。日米首脳会談でも「アメリカはいかなる手段でも日本を守る」とは言ってもらっていますが、その言葉しかない。では具体的にどうするんだということを、日米首脳会談で協議して、せめて粗々の内容くらいはきちんと国民に説明しないといけないと思います。

沖縄の核、西ドイツの核

太田　西ドイツと沖縄の話、御質問があったのでお答えしたいと思います。岩間陽子さんの本（『核の一九六八年体制と西ドイツ』）が最近出ていますが、私はまだ途中までしか読んでいないので、その前提で。

兼原　ちょうど読んだところです。とてもいい本ですよ。

太田　1950年代のアイゼンハワー政権は大量報復戦略を進めます。そのためには西ヨーロッパへの米核戦力の前方展開が必要だということで、欧州正面の最前線である西ドイツへの核配備を55年春にスタートさせます。パリ協定締結によって西ドイツが連合軍の占領状態から主権を回復する時期と重なります。これを嚆矢に大陸欧州にアメリカの核が大量に持ち込まれます。

一方、実はアメリカ政府内において、西ドイツへの核配備に先立つ54年、日本本土への核配備が真剣に検討されます。しかし時を一にして日本で何が起きたか。54年3月1日の太平洋ビキニ環礁でのブラボー水爆実験、フォールアウトの「死の灰」を浴びた第五福竜丸など多数の日本漁船が被害に遭ったビキニ被曝が社会問題化します。当時の駐日米大使ジョン・アリソンは、日本国内で原水爆禁止運動が燎原の火の如く広がっていく現実を目の当たりにし、国務省に対して「差し迫った軍事的必要性もないのに日本に核兵器を搬入するのは最も無分別な企てだ」と意見具申し、核爆弾・核弾頭そのものの日本搬入に反対します。日本の反核世論がいずれ反米世論に転化し、アメリカの冷戦戦略に不可欠な日米関係に亀裂が入ることを恐れたのでしょう。

そこで、米軍は次善の策をいくつか取ります。まず核爆弾のピット部分、つまり核分裂性物質であるプルトニウムやウランをコアとした「核コンポーネント」そのものは日本本土には持ち込まない、しかしその外枠である「非核コンポーネント」を三沢や横田に常備しておく措置でした。「核コンポーネント」は米軍占領下にあった沖縄に常時配備しておき、有事が発生すれば通称「バードケージ（鳥かご）」と呼ばれた専用コンテナに入れて輸送機で空輸する。そして三沢や横田にある「非核コンポーネント」にガチャンと合体させる格好で核爆弾の完成品とし、駐機する戦闘機に装着します。これは、沖縄と日本本土の米軍基地をリンクして朝鮮半島に核攻撃を行う作戦計画の一環であり、当時「ハイギア作戦」と呼ばれました。

沖縄の核は相当程度、朝鮮半島を想定していたと言えます。また１９５０年代には台湾海峡危機もありましたから、台湾有事も意識していたと思いますが、台湾本島には米軍が58年に地対地核巡航ミサイル「マタドール」を配備し、中国本土を射程に収める態勢を取りました。本音では、朝鮮半島に近い日本本土にも核コンポーネントを配備したかったのですが、第五福竜丸事件の日米関係への悪影響を懸念する米外交当局の反対を受けて断念し、代替的な手段として核コンポーネントを沖縄に置いたのです。

同時にアメリカは沖縄への多種多様な核戦力の配備・貯蔵を推進します。１９５４年から本土復帰する72年まで、沖縄には19種類もの核兵器が搬入されました。ベトナム戦争ピーク時の67年には核弾頭数は１２００を超えていたとのデータもあります。代表的な沖縄配備核は核巡航ミサイル「メースB」（射程2400キロ）ですが、米軍の核戦争計画「単一統合作戦計画（SIOP）」にも組み込まれていたようです。キューバ危機のとき、沖縄に駐留してメースBの発射基地で臨戦態勢を取っていた米軍技師は私のインタビューに、自身が管理していたメースBがソ連に加え、もう一つの「別の国」を標的にしていたと証言しています。「別の国」とは中国です。キューバとは地球の裏側にある沖縄の核ミサイルまでもが即時発射態勢にあり、米ソさらに中国を巻き込んだ全面核戦争の一翼を担っていたことを物語るエピソードです。

では72年の本土復帰に合わせて、なぜ沖縄から核を撤去したのか。もちろん、佐藤栄作首相が「核抜き本土並み」を強く求めていたという政治的背景がありますが、ニクソン政権期の初頭まで政府内で核政策に関与していたモートン・ハルペリン博士は、長射程の核弾道ミサイルで日本やこの地域への抑止力が十分担保できるので、もはや沖縄に戦域・戦術核を常備しておく必要はなくなった、と私に説明してくれたことがあります。

ドイツのケースですが、1954年秋、西ドイツの首相だったコンラート・アデナウアーは「核を西ドイツに持ち込みたい」とのアメリカの申し出に対し、これを諾とすることを即決している。パリ協定が調印された10月23日にダレス国務長官への秘密書簡をしたため、「いかなる軍司令官も配下の軍隊に危険が差し迫った場合、その危険を除去するために必要な（武力行使を含む）軍隊保護のための適切な行動を即座に取ることができる。国際法やドイツの法律によれば、これはいかなる軍司令官にも認められた固有の権利である」と明言している。つまり、占領軍のトップである米軍司令官はいかなる兵器を西ドイツに持ち込んでも構わない、それは占領軍が自らを守るための権利である、と核持ち込みを黙認する姿勢を示している。この書簡は米国立公文書館（ＮＡＲＡ）に所蔵されており、私はコピーを入手しました。

アデナウアーは大変な反共主義者であったし、ソ連の脅威を現実のものと受け止めていた。西ドイツの国内プロセスがこの時どうだったか、私には詳細が分からないのですが、とにかく国家のトップの判断として即決しています。この書簡を根拠に、米軍は以降、西ドイツへどんどん核兵器を実戦配備していきます。主権を回復した西ドイツ自身がＡＢＣ（核・生物・化学）兵器の開発は行わない、との対米約束を守りながら。

その後１９６０年代後半に入ると、64年の中国の初核実験もあって、ジョンソン政権は一気に核兵器不拡散条約（ＮＰＴ）制定へと舵を切ります。当時「仮想潜在核武装国」は日本とドイツだった。だから両国への核拡散を何とか封じ込めなくてはならないということで、アメリカは核を西ドイツ領内へ大量に持ち込みながら、西ドイツの「非核国化」をＮＰＴで制度化していきます。

そうした大きな流れの中で、クルト・キージンガー政権は67年11月、ジョンソン政権に対して次のような要求を行います。「ＮＡＴＯの核計画策定で西ドイツの関与を強めたい。西ドイツ領内から核を使う場合、米国は西ドイツの意見を聞いてほしい。ＮＡＴＯ支配下の西ドイツ軍部隊に核使用命令を出す際は、西ドイツ政府の確認を取ってほしい」と。そして西ドイツにＮＰＴ体制を受け入れてもらいたいジョンソン政権は最終的にこの要求を認めていく。西ドイツは米欧間の核政策を巡る「主権回復」をこうして実現していくのです。ＮＡＴＯの核シェアリングの具体化にはこうした外交プロセスが伴っています。

日本の核シェアリングはＮＰＴ違反になる

太田　では、これから日本がどうしていくかという兼原さんのご質問ですが、核シェアリングはＮＰＴ違反になる可能性が高いということをまず申し上げ、反対したいと思います。現状においてNATOの核シェアリングがなぜ認められているのか。それは、核弾頭は平時においてあくまでアメリカの完全な管理下に置かれているから核拡散ではないという国家間の了解があるからです。米軍の核が配備されているトルコを含む欧州5カ国の軍隊が今日まで運用してきたのは、核搭載可能な戦闘機など運搬手段であり、平時ではこれらの運搬手段には現在、核は積まれていない。ただ有事の際には米軍管理の核弾頭が、ドイツやイタリアなどの軍用機に搭載され、ドイツ兵やイタリア兵がミサイル発射のボタンを押す。こうなると明らかにNPT違反なのですね。だって核兵器の管理を非核兵器国に「移譲」することになるわけですから。

では、冷戦時代、NPTのもう一方の生みの親であるソ連がなぜNATOの核シェアリングをNPT体制下で黙認したのか。それは、自分たちも同じように東欧の衛星国といずれは核シェアリングを実施する余地を残しておきたかったからです。

だけど、その当時と比べて今はNPTの履行状況を検討するプロセスがより厳格になっており、日本の核シェアリングは即座にNPT再検討会議で大きな論争の種となる。そのときに日本は、NPTを遵守しながらシェアリングを可能にする理論武装がそもそもできるのか。私は国際法の観点から、大きな問題があるのではないかと愚考します。

また、日本にアメリカの核を持ち込んでシェアリングをするということは、世界唯一の戦争被爆国としてNPTをどの国よりも誠実に遵守し、その精神を大切にしてきた国が、NPTの枠組み、土台そのものを蝕むことになりかねない。ドイツの場合は既に西ドイツの領内にアメリカの核弾頭があって、その後にNPTが出来ているから、国際社会は西ドイツのシェアリングをある程度織り込み済みだった。しかし、日本のケースはそうではない。NPT体制が大きく毀損される恐れがあり、被爆国である日本の道徳的権威までもが傷つきかねず、非常に重大な問題です。

もう一つ、中国との関係で申し上げたいのですが、中国は最近、ICBMサイロを建造していますが、それ以前は核を巡る行動様式はある意味「自制的だった」という実態があります。もちろん、自制的というのは、今日まで一貫して核兵器の増強と近代化を進めてきたロシアと比べてですが。中国についてはこの4、5年で、自制的な側面が失われつつあるのですが、今ここで日本がシェアリングをやることになったら、自分たちの核をさらに増やしたいと思っている中国政府内の勢力、特に人民解放軍の強硬派に塩を送ることにならないか。

こういった多角的な作用/反作用の視座から、プロコン（賛成/反対）の議論をまず深めた方が賢明ではないか。少なくともその議論を尽くさずに「核シェアリングは日本の抑止力を倍加させる」という結論に至るのはあまりにも拙速にすぎないかと考えてしまいます。付言すると、核セキュリティ、核物質防護の観点からも大きな問題点がある。核不拡散重視の私の議論はどうしても「コン」に傾いてしまうのですが……。

日本が核攻撃されたら、アメリカは本当に核で反撃するのか？

兼原　私はシェアリング派なので、「プロ」のほうの議論を少しさせてください。

そもそも他国に生殺与奪の権を与えるという外交はありえないと思うんです。日本国民に責任を持つのは日本政府だけです。日本政府にとって何が一番大事かといえば、国民の命です。憲法9条であれNPTであれ、国民の命と引き換えに守るものなんてない。

NPTが大事なのは、それによって日本と世界の安全が守られているからです。核が廃絶できればそれが一番かも知れませんが、現実に核がある世界で、抑止力の体制と不拡散の体制はセットになっています。日本のNPT加入の裏には、核兵器は持たなくても米国が核の傘を差しかけてくれるという核の保証があります。私は、生殺与奪の権を米国にも中国にも渡さず、国民にとって何が一番安全かということから考えて、抑止力とNPTのバランスを取っていくのが、安全保障政策のあるべき姿だと思います。

NPTについては、実は私も現役の外交官の頃、太田さんと同じ事をヨーロッパ人に言っていました。「NATOの核シェアリングはNPT違反じゃないのか？」と。彼らが何と答えたと思いますか？「あのね、兼原さん、米軍が我々に核兵器を渡すときは、ソ連の核ミサイルが飛んできているときなんだよ。そのときは地球が終わるときだから、NPTどうこうという状況ではない」と言ったんですよ。抑止力とNPTはバランスの取れた仕組みになっていて、「抑止が壊れて自分たちが滅亡する日はNPTも吹き飛ぶ日だから、非核兵器国のNATO加盟国であっても米軍の核を持ち出して一緒に撃ち返す」という仕組みなんです。これは国際法違反というレベルの話じゃない。

日本で実際に米国の核弾頭を置くかどうか、置くとしてもどこに置くかという話は、国内世論的にはすごく難しい。だからできないかもしれない。ただし、その論点はちょっと横に置いて純粋に軍事的な議論をすると、日本の国土が核攻撃された時に、アメリカは本当に撃ち返すと信じ込んでいていいのでしょうか。それがドイツを悩ませたデカップリングの議論です。

例えば九州のどこかが核攻撃されたとして、米国が中国に核ミサイルを撃ち返すでしょうか。撃ち返さないですよ。東京でも撃ち返すかどうか分からない。東京がやられたら日本は即死です。アメリカにとって同盟国としての価値がなくなる。

逆説的ですが、だからこそ「相手に絶対に核は撃たせない」ために最大限の努力をするべきであって、「撃たれたら」の答えは、実はないんですよ。「日本が核で本当にやられたら、最重要の同盟国を失った米国は中国と停戦協議に入って、撃ち返さないかもしれない」というのがあり得る答えの一つなんです。

だから米国には核抑止力のレベルを上げてもらう必要がある。核兵器国の米国が万全の準備をしなければ、非核兵器国の同盟国は安心できない。これは核兵器国と非核兵器国の間に普遍的に起きる心理ゲームです。米国はトライデントなどの第2撃戦略核があるから核戦争は起きないし、絶対に大丈夫だ、安心しろという。でも前線に立たされている非核兵器国は安心なんてできない。自分が核攻撃された後に見捨てられるのではないかと恐れる。これが核兵器国と非核兵器国の同盟関係のマネージメントの一番難しいところです。ドイツがそうでした。米国は絶対に自分を信用しろと言い、ドイツは万が一にも裏切られることがあるかもしれないと常に怯えていた。

日本に米国の戦術核兵器を置いておいたら、日本を核攻撃しようとする国は「この戦術核は、日本が核攻撃されたら、米国が報復に使うに違いない」と考える。物理的な配備によって、米国のコミットメントを形にして見せる。そういうことだと思います。

抑止のパラドクスみたいな話になっちゃいますが、緊張を高めることによって安定させるというのは、私は軍事的には意味があると思うんです。戦略核搭載原潜をカリフォルニアの沖に遊弋させておくだけというよりも、戦術核を日本に持ってきて「日本を核攻撃したら使うぞ」と相手に信じさせることに、私は意味があると思っています。

かつてロシア人に、「今度、イージスアショアを陸上に置くよ」って話したら、彼には「兼原さん、そこは必ず攻撃しますから」と言われました。ロシア人は、いつかイージスアショアは核／非核両用の陸上発射型トマホークを導入すると恐れていた。相手が恐れることには意味がある。だからロシアは当然、有事になったら……。

番匠 攻撃しようと思うでしょうね。

兼原 でも双方が「撃ったら撃ち返すぞ」という話になると、やっぱり怖いから実際には撃たない。だから最低限の透明性と信頼醸成が必要という話になり、軍備管理の話になり、相互検証の話になっていく。戦術核の話も「お互いに怖いから撃たない」へ持っていくための議論なんだと思います。軍事力一般にそうですが、戦いを始めないために、万全の準備をするということです。構えていないから、戦争が始まってしまう。

こういう抑止の議論が、世論との関係で難しいことはよく分かります。そこは有能な政治家に捌《さば》いてもらわないといけないですね。

太田　その論理は分かるのですが、そういう局面に持っていかないような他の努力、外交戦略があってしかるべきではないか。なぜそこまで究極のシナリオを考えて、そこへ突き進んでしまうのでしょうか。

兼原　それは逆だと思います。最悪の究極シナリオを考えて、その地獄が見えるから、小競り合いの段階からやめようというのが核抑止の議論です。柔軟反応戦略も、小競り合いがエスカレーションの階段を上ることになり、最後に核の応酬につながるから、最初から喧嘩はやめようという考え方です。残念ですが、こういう抑止の具体的な方法については考えてこなかったのが日本なんです。

太田　そこはそうかもしれませんが……。

兼原　米国では、敵のＩＣＢＭ発射直後に、戦略軍司令官が大統領に物理的に電話した上で反撃ミサイルを発射し、地下サイロに退避します。その時間的余裕がある。ですが日本が核攻撃される場合、敵が撃ってくるのは中距離ミサイルですから、直ぐに着弾します。この差は大きい。日本が核で破壊された後に、米戦略軍司令官は第2撃による反撃の指示を大統領に仰ぎますが、大統領がイエスという保証もない。だから、中距離ミサイルの日本持ち込みのフィージビリティ（実現可能性）を考えるべきなんです。

太田　そのフィージビリティの関連で申し上げたいのは、米軍がやっているように、この軍人は核を扱う資格がある、という「ニュークリアサティフィケート（核兵器を扱えるという認証）」を与えるために、個々の自衛官を相当訓練しないといけなくなる、しかも自衛官だけでなく核兵器システムの関連装備・資機材にもこのサティフィケートを付与するソフト面の整備が必要になってくる、という点です。

数年前、米軍に情報公開請求をしたら、沖縄や三沢で「ダルソード（鈍った剣）」と呼ばれる核兵器システム関連の事故が近年起きていることが分かりました。例えば嘉手納基地内でフォークリフトがパンクしたとき、このフォークリフトはもちろん核弾頭を積んでいませんが、核のサティフィケートを獲得しているので、パンクのような軽微な事故でも「ダルソード」として米国防総省内で報告・処理されます。

核兵器を実際運用するとなると、自衛隊もそこまでソフト面での体制整備をしなくてはならないのですが、その余裕が今の自衛隊に本当にあるのか。また肝心のアメリカが日本に核を扱うこと自体を許すのか。だから、そうしたフィージビリティの問題も考えて議論したほうがいいのではないでしょうか。

「やる」と決めれば自衛隊は対応可能

高見澤　いま太田さんが仰ったNPT上のニュークリアシェアリング的な議論は、NPTの運用検討会議の準備会合や軍縮会議の場でもよく出ます。ロシアは非常に熱心に、「NATO加盟国の現状はまさにNPT違反である」という議論をやっています。NATOと同じような形でのシェアリングをすると、恐らくNPT的な説明としてはなかなか抜け道がないんじゃないかと思います。今のNATOのニュークリアシェアリングをNPTにおいて正当化している説明論理で、日本のそういう体制も正当化できるのかというと、私は結構難しいかなという印象があります。誰か天才的な人がいて、うまく説明すればいいのかもしれないけれども、私自身はロシアとそこを論争してちゃんと説得できるかというと、結構チャレンジングに感じる。

2点目の問題として、そもそもアメリカといろんな場で核関連の議論を深められるように、政治家も含めて日本のナレッジベースを高めておくことが必要です。日米間で核抑止に関する協議を深める必要があるということは、プロコンの問題とは別にして一致できる部分じゃないでしょうか。NPTとか既存の体制との関係でも、あまりグレーにならずに抑止力の向上のためにできる部分はたくさんあると思うので、そこは強化していくべきでしょう。だから、「NATO型」とか「シェアリング」という言葉が一人歩きしてしまうことは、あまり適切ではないのかなと感じます。

それから、関与のレベルでいえば、日本の場合は、「フル・ナレッジ・アンド・コンカーランス」(full knowledge and concurrence)という形にはなっていない。これはオーストラリア政府の人から聞いたのですが、オーストラリア政府は主権の問題として、外国政府がオーストラリアの領域やそのアセットを利用して活動を行う際には、それについての情報を得た上でそれを認めるか拒否するかに関して基本的な権利を有しているという原則のことです。この言葉は豪米関係の文脈で耳にしたので強く記憶に残っています。つまり、自国の領域やアセットを使用してもいいけれど、その前提はすべての情報の共有であり、どういう運用をしているのかということに対して質問すればどのような内容であってもアメリカは答える義務があるという関係になっている。その上で判断する、あるいは下された判断を受け止めるという仕組みになっていると理解しています。そこのところが日米と米豪で違うかもしれないということで、ずっと昔から気になっているところです。アメリカと何か交渉するときにその手の話をすると、ものすごくシャープにリジェクトされるわけです。そこを何とか越えるような努力が必要なのかなという感じがします。

それから、人の話ですね。太田さんが話されたサティフィケートの件ですが、まだ防衛省が防衛庁だった頃、マンスフィールドフェローで米軍の核戦略の現場にいた米軍人が来ていました。その人が話した内容は、体験したことのごく一部でしょうが、「大変だな」という印象を持った記憶があります。そういうところの知識を我々自身ももうちょっと持つ必要があるのかなと。

兼原　フォークリフトのようなレベルの核の安全に関する技術的な対応は自衛隊でもできると思いますよ。予算と人員を付けて、10年くらい訓練すれば。

番匠　簡単なことではないけれども、政治が決めてくれれば管理、運用を行うことは自衛隊にとって不可能なことではないと思います。日米のシェアリングについても、日米同盟の中で長年行ってきた共同作戦や共同演習など、現場で相当高度な連携を積み重ねてきた実績や経験からすれば、ＮＡＴＯの主要国と比肩できるのではないかと思います。また、イラクに行っているときに感じたことですが、あれはコアリッション（有志連合）で同盟ではないですけれども、一緒に仕事をしていることによる一体感と共通認識みたいなものは当然出てくるわけです。

今、核のグループについていえば、日本は完全に球場の外にいますから。

髙見澤　球場は見えるけど、フィールドが見えない。

番匠　そうですね。音漏れを聞いているようなもので。そういう意味でやっぱり幅を広げていくということは非常に重要だと思うし、我々はそういうことによって、メリットもデメリットも十分に学習することができると思うんです。具体的にこれを進めるということになると、何が必要かも見えてきます。人材育成、編成装備、ロジスティック、運用システム、レギュレーションなど、そういう中から具体的に進めることができるでしょう。それは決して不可能なことではないと思います。

兼原　国民の意見も変わります。10年後ぐらい先の未来で何かしら本当に危機があったときに、結論はどうなっているにせよ、「核の問題は令和の初めに国民的に議論して決めたんだよな」と未来の国民が思うようになっていないと不幸だと思います。
太田　国民も理解できる核の議論が必要なことは確かだと思います。

日本のＮＰＴ批准を遅らせた「核武装派」

太田　２０２１年に出版した『核の大分岐』という自著でも触れたのですが、日本が１９７６年にＮＰＴを批准する際の外務省担当者だった数原孝憲さん（後の駐アイルランド大使）が当時の個人記録をたくさん残しています。個人メモですが、国内でどのようにして批准への合意を形成していったか、その片鱗が窺える重要な史料です。
ＮＰＴは70年に発効し、日本も署名しましたけれど、国会での批准承認はずっと先延ばしにされていました。75年1月、当時の三木武夫首相が施政方針演説でＮＰＴの批准を目指す方針を表明しましたが、自民党内では議論が依然沸騰していたし、ＮＰＴ査察による負担増大を嫌う原子力業界からのプレッシャーもそれなりにあった。東電、関電、電気事業者連合会（電事連）などからすれば、ＮＰＴに入ると査察がより厳格になり、原発の稼働率にも影響が出るのではないか、と。

そこで日本政府は、「欧州原子力共同体（ユーラトム）並み」と呼ばれる査察手法をIAEAに認めさせるべく、保障措置（査察）協定の交渉を行います。これは欧州の地域的協力枠組みであるユーラトムが実践した査察手法、つまりIAEAではなくユーラトムが任命した検査官が核物質の兵器転用がないことを計量管理によって立証し、その結果をIAEAの査察官が確認する制度です。日本はこの「ユーラトム並み」を日本国内の原子力施設の査察にも適用するようIAEAに求め、実現します。これによって日本の原子力業界のNPT加盟への懸念は基本的に解消されますが、まだNPT批准に抵抗する勢力がいた。「日本はこれで核兵器を持てなくなるのか」と疑念と不満を抱いた自民党内のタカ派グループです。

兼原　石原慎太郎さんたちですね。

太田　「青嵐会」が中心ですが、非公式に独自核武装研究をしたこともある中曽根康弘幹事長や、帝国海軍の戦闘機パイロットだった参議院議員・源田実氏などの名前も数原さんの当時の手帳に出てきます。

その後、75年春に宮沢喜一外相が訪米し、そこでフォード政権のキッシンジャー国務長官と交渉します。日本がNPTに加盟するに当たりアメリカの核の傘を明示的に約束してもらう、そうすることによって青嵐会などに残るＮＰＴへの反対論や懐疑論の払拭を狙うという日米連携を進めるためです。同じ年の夏、今度は三木首相が訪米します。そして奇しくも、広島への原爆投下からちょうど30年を迎える75年8月6日、三木首相とフォード大統領は連名で「日米共同新聞発表」を出し、「アメリカの核抑止力は、日本の安全に対し重要な寄与を行う」との一文に加え、「首相は、日本ができるだけ早い機会にＮＰＴを批准するための所要の手続きを進める意向を表明した」と明記します。つまり、アメリカによる核の傘の誓約と日本のＮＰＴ加盟が「取引」されるバーゲンが成立したのです。

兼原　そのときの議論というのは、まっとうなんですよね。アメリカは同盟国、特にドイツと日本に対して「核は絶対やめろ。その代わりにＮＰＴに入ったら俺が絶対に守る」と提案した。そうしてようやく、国会で批准した（76年6月）。何度も申し上げますが、核の傘とＮＰＴ加入はコインの裏表なわけです。当時の日本の議論は米国と嚙み合っていたと思います。日本はＮＰＴに入って核抑止力はどうなるんだという議論が起きている。これは軍事的には正しい議論だったんですが、その後、日本国内では核抑止の議論が消えてしまった。

高見澤さんが言われたように、核抑止力強化の方法はいろいろある。冷戦初期にアメリカがドイツにやったように、三沢基地に核爆弾をいっぱい持ってきて日本にも配る、というようなことにはならないでしょう。グアムに核弾頭を置いておいて、航空自衛隊のF－35をグアムに差し向けてミサイルを積んでから出撃させるとか、その際、空中空輸機を飛ばしてF－35の足を伸ばすとか、やり方はいろいろある。もっと言えば、表向きは核抑止について強気なことを言い続けて実は何もやらない、ハッタリだけれども相手は心配になるという心理戦のやり方だってある。でも、そんな具体論に入れないぐらい、議論が入り口で止まっちゃってるんです。それが悲しいですね。

太田　そこはプロコンの議論が必要なのかもしれません。どんな政策選択であろうが、最終的に国民の納得と合意がないと過去の繰り返しになってしまう。いつの間にか日米政府間の「密約」が成立し、日本国民のオーナーシップが置き去りにされたまま、虚構の非核政策あるいは核政策が静かに形成されるようなことだけは避けなくてはならない。

兼原　国民の感情も変わりますが、核の問題では政治家は政治生命を懸けることになる。政治の世界だから闘ったら負けることはあるわけです。核の問題はそれくらいデリケートです。日本の反核感情は強いので、核問題に政治家は皆、二の足を踏みます。

でも、政治家が世論の支持を求めて戦うのが普通の民主主義国家なんです。安倍政権の時、集団的自衛権の部分的行使容認を含んだ平和安全法制は、どうにかうまく行きましたけれど、うまく行かなかったら安倍内閣は潰れていたでしょう。でも、たとえ誰かが一度失敗しても、世論の波は押しては返して何回か寄せて来るので、何回目かに挑戦する総理がふわっと越えていくんですよ。民主主義とは、そんなものだと思います。

髙見澤　日米協力でも、まず三木・フォード会談があって、その直後に坂田防衛庁長官・シュレシンジャー国防長官の会談で有事の際の日米協力の合意があり、その3年後にようやくガイドライン（第一次日米防衛協力のための指針）が出来ていますよね。ある程度、時間の流れが必要ではある。

日本はなぜ打撃力を持てなかったのか

兼原　番匠さん、先ほどちょっと触れられましたが、核の話ではないですけれども、通常弾頭の中距離ミサイル、打撃力の話を改めてお願いします。

番匠　この仕事は髙見澤さんともずいぶん一緒にさせていただきましたけれども、打撃力が長い間許容されなかったのには、理由があったと思います。国内の政治的な理由もあるし、日米の役割分担など同盟管理や戦略的な環境もあった。日本の側から反撃のために敵基地のある遠くまでミサイルを飛ばすという議論は、北朝鮮が核開発を進めICBMまでの様々なミサイルを持ったり、中国が今のような猛烈な軍拡路線に突き進んだりしていなければ、たぶん出てこなかったでしょう。我が国を取り巻く戦略環境が明らかに変わってきたという点もありますし、これを踏まえて政治的にも、いわゆる狭義の専守防衛だけでいいのかという認識が国民の中で拡がってきている。周りの国の攻撃能力は飛躍的に増大し、それが日本に向けられているのに、日本が自ら手足を縛っているのは何かおかしいと多くの国民が考え始めているという時代背景があるだろうと思うんですね。

それでは、長射程のミサイルの保有について何を考えて進めてきたかというと、最初は国内用として整備することを考えていました。これは、敵基地攻撃を目的として最初から進めようとすると、内外から相当の反発を受けて実現が困難となるであろうし、まずは理解されやすいところから整備を進めようとした部分があります。そこで、例えば沖縄本島から尖閣諸島に上陸した敵を撃とうとしたら、500キロの射程がないと届きません。九州から南西諸島を守ろうとしたら、1000キロないと届かない。ですから、「島嶼防衛用新対艦誘導弾」や「島嶼防衛用高速滑空弾」などという名前をあえて付けて、「日本の国土防衛のために射程の長いミサイルが必要である」ということを目的として進めてきました。それによって、技術的な進化も結構出てきた。SSM（地対艦ミサイル）の射程延伸や地対地ロケットの開発も、防衛省の技術研究本部の中で今まで研究してきた延長上にあって、技術的には可能であることが分かってきた。航空自衛隊でも射程約1000キロで相手の脅威圏外から対処可能なスタンドオフミサイルを外国から導入することにしました。そういうことができる政治的な環境、あるいは戦略的な環境になってきたと思います。

　では、今後どうするかですけれども、この従来のラインは国防の観点からは当然ながらとても大事だと思います。南西諸島をしっかり守る、日本としてのA2／AD戦略をしっかり進めるためには、少なくとも1000キロ程度の射程が必要なんだ、ということは変わらないと思います。同時に、今日の議論のように、抑止の観点からも射程の長いものを日本が持つということが非常に大事になってきている。今までは短刀しか持てなかったけれど、向こうが槍を持っているんだから我々も槍を持つことでようやく噛み合うことになると思います。

抑止の点では、一つは北朝鮮の核ミサイルの脅威に対する日本のメッセージとして、迎撃のための弾道ミサイル防衛や被害対策に加えて、ミサイル基地などの敵の策源地に対する自衛のための反撃、打撃能力を保有することは非常に重要だし、この議論を避ける必要はない。さらに、我々が正面から議論しなければならないのは、中国の西太平洋一帯への戦域打撃力に対する日本のカウンターケイパビリティ（反撃力）としての打撃能力です。これも正面から発信していい時期ではないかなと私は思います。もちろん対ロシアもそうですけれども。

長い射程を持つなら日米共同で

番匠　もう一つ重要なのは、このような長射程の打撃能力をどのようにして持つのかということです。私は日本単独でやるより、日米共同で進めるのが良いのではないかと思います。ミサイルそのものを保有するだけで完結するものではなく、情報収集などインテリジェンスやターゲティングをどうするか、それを支えるシステムも非常に高度で複雑になってきていますから、まさに日米同盟の真価を発揮すべき分野だと思います。

アメリカの海兵隊は「遠征前進基地作戦」と呼ばれる新しい作戦構想を進めることに舵を切りました。従来の伝統的な水陸両用作戦用に保有していた戦車や火砲などを削減し、危機の初期段階から前方に分散展開して、それぞれのところに地上発射の巡航ミサイルなど長距離精密対艦攻撃能力を配備しようとしています。つまり、中国のA2／ADを無効化するために第一列島線の内側に入って敵の艦艇を撃てるミサイル打撃力を持つ新たな戦略を進めようとしている。アメリカ陸軍も地上発射型弾道ミサイルや長射程極超音速兵器など、INF条約の失効によって保有が可能となった様々な装備を開発するということも明言しています。

要するに、アメリカの最近のドクトリンと日本が進めようとしてきた努力がかなり重なってきている部分がある。だからこそウェポン（兵器）だけが重なるのではなくて、戦略目的や運用ドクトリンでも連携して行くことが非常に重要になります。私はコンベンショナルなもの（通常兵器）からスタートして、日米の協力が深化する象徴として、その先に核シェアリングの話も出てくるのだろうという気はしています。

兼原　ありがとうございました。今、仰った航空自衛隊の外国製の中射程のクルーズミサイルの導入は、第二次安倍政権の時でした。あの頃、私が個人的に考えていたことを申し上げると、ミサイルは短距離、中距離、長距離と区分するけれど、そもそもその区分自体、日本にはあまり意味がないということなんです。一般に5500キロから長距離ミサイルで戦略的とされますけれども、5500キロというのは米国とロシアが向き合う北極海の一番狭いところなんです。でも日本と朝鮮半島や中国大陸はとても近いので、数百キロから千数百キロの飛距離のミサイルで十分に日本を破壊できる。北朝鮮や中国が多数保有する中距離ミサイルは、日本にとっては実存的、戦略的な意味がある。それなのに日本が持っているミサイルの射程が200キロ以下に縛られているのは、どう考えてもおかしいじゃないかと、そんなことを考えていました。

日本は、北朝鮮の核ミサイル開発が進んでいるのを目の当たりにして、専守防衛ということで、まず、巨額の資金を投入してミサイル防衛システムを入れたわけです。副産物として、PAC3（迎撃ミサイル）を運用する航空自衛隊と、イージス艦でSM3（同）を運用する海上自衛隊の統合防空が進みました。これは本当に良かったと思うんですけれど、それで充分かと言えばそうじゃない。中国が日本にミサイルを撃ってくるときは、飽和攻撃（相手の防御能力を超える大量攻撃）になる可能性が高い。飽和攻撃をされたら、絶対に何発かは我が国の国土にミサイルが落ちる。撃つほうは大してカネがかからない。トマホークで数億円くらいだし、北朝鮮のミサイルなんて多分数千万円ぐらいで出来ますよ。そんなもののために一発数十億の迎撃ミサイルを撃つのか。そもそもコスパが悪すぎます。戦争の経済学は、敵にお金を使わせるのが基本です。自分が先に金欠になってどうする、ということです。

周りを見てみると、ロシア、中国、北朝鮮はミサイルと核弾頭を持っているわけですが、中距離ミサイルだけなら台湾だって韓国だって持っている。日本だけ持っていないわけです。当時、私がぶつぶつ言っていたのは、「皆、佐々木小次郎のように長い竹刀をもって剣道の乱取り稽古に臨むのに、日本だけ真剣白刃取りで勝負しようとしている。しかも日本が敵の真剣を摑む自慢の小手はプラチナ繊維で一組１００万円もする。余りに不合理ではないか。もうちょっとまじめに考えようよ」ということでした。

よく国会やメディアで未だに取り上げられる先制攻撃の議論というのは、１９５６年に国会で問題になった古色蒼然とした議論です。米ソが宇宙競争をし、大陸間弾道弾が登場し、相互確証破壊の議論が始まった頃です。この頃、敵の核ミサイルを先制攻撃できるか、或いは、敵の先制攻撃で破壊されない第２撃能力をどう確保するかという議論が始まっていました。日本では自衛隊が出来てから数年の話で、敵の核ミサイルの先制攻撃など机上の空論でしたが、当時は喧《やかま》しく議論された。

今では北朝鮮でさえTELに核ミサイルを積んでますから、発射前の事前の発見もできないし、先制攻撃などできはしない。だから「撃ったら撃ち返すぞ」という議論しかないわけです。それが抑止になる。これは正当な個別的自衛権行使の議論で、何の憲法上の制約もない。安倍総理も辞任される前に、きちんと議論するべきだと言われた。それでようやく中射程のミサイル導入の議論をしても大丈夫ということになった。

現在、航空自衛隊が、射程1000キロの空対地巡航ミサイルを保有し始めています。しかし、番匠さんも仰ったように、これは日本領土に上陸してくる敵をやっつけるためという議論になっている。敵基地を攻撃するという話になっていない。敵のミサイルがどんどん自衛隊の基地に落とされて、挙句に敵が上陸して領土と国民が犠牲になるまで、中距離ミサイルを使ってはいけないというのは、どう考えても不合理です。日本の近くで戦えば戦うほど、国民の犠牲が増える。戦争は自国からできるだけ遠くで戦うものです。米国が遠征軍しか持っていないのは、米国本土を悲惨な戦場にせず、敵地で戦うべし（bring the war to the enemy）と考えているからです。

航空自衛隊の空対地中距離ミサイルを導入するとき、一番通り易かった議論は、航空戦では「ミサイルは長いほうが勝つんですよ」という議論でした。こちらがミサイルを撃つ前に、中国の戦闘機のミサイルで墜とされてしまっては話になりません。番匠さんの喩えに乗っかれば、中国はみんな青竜刀を振り回しているのに、航空自衛隊が果物ナイフでは戦えないということです。さすがにこの議論には与党の誰からも反対が出なかった（笑）。それで通ったんですけれども。

射程１０００キロの空対地ミサイルであれば、鹿児島上空から与那国島を守れます。方角を変えれば大陸にも届きます。ターゲティングの問題はありますが、実はもう限られた能力は持っている。なぜ自国領にしか撃ち込んではいけないという議論に固執するのか理解できません。安倍総理は「撃ったら撃ち返す」という議論に切り替えたらどうだと言われて辞められた。私は、この点については是非、国民の前で真面目な議論をしてほしいと思います。最近、この議論は人びとの口の端に少し乗るようになりましたね。

番匠　本当に隔世の感がありますね。我々はこれまで少しでも長い槍を、とちょっとだけ射程を伸ばしたいと要望してもなかなか認めてもらえなかった。つい最近まで、そういう状況でした。

国会論議の質は、冷戦時代よりも下がっている

高見澤　ちょっと雑談になってしまいますが、私は民主党政権の北澤俊美防衛大臣の時に、防衛省関連の政策が結構進んだ部分があると思っています。大臣には、尖閣問題や与那国島を通っていた防空識別圏の問題とか、総理大臣秘書官が防衛省から出ていない理由とか、よく聞かれたんですよね。私は、今まで防衛大臣になった人の多くが官邸に弱かったり、すぐに交代してしまったりするからですよ、と言いました。すると大臣は、俺は官邸には強いぞという感じで、その場で総理や関係閣僚に電話して、どうなっているのかと直接確認するといった意向を示されました。担当部局がやるべきだと思っていても実現していないことがあると、その理由を聞いてみて、納得できるものがあれば進めていくことで、いくつかの懸案の優先度が上がった感じがしました。問題が起きると官邸に掛け合って実現に向かって何とかすると、そういう精神でしたね。

兼原　日本は西側で最も国内冷戦が激しく、保革対立の構図が固まってしまったので、自衛隊の能力強化は国会でもメディアでも議論させないという空気がありましたよね。

自民党のほうも日米同盟の基礎を築いた吉田、岸両総理の後は「寝た子を起こすな」という感じになってしまった。

外務省は一応、自民党から「日米安保護持」を唱える免罪符をもらっていたので、安保関連の審議で予算委員会を止めても余り怒られなかったんですが、外務省局長の答弁でしょっちゅう予算委員会の審議が止まった。社会党などの野党は予算委員会を止めることが初めからの目的で、予算審議なんてそっちのけで殆ど安全保障の議論ばかりをしていたわけですからね。でも、段々与野党対立もマンネリ化してきて、密室の国対政治が発達すると、自民党の幹部から外務省の局長のところに電話がかかってくるようになり、「少し社会党にも手心を加えてやれ」「一塁ぐらいは回らせてやって二塁で刺せよ」というようなことを言われるようになりました。いつの間にやら安全保障政策が国会対策に飲み込まれたんです。

冷戦後30年なので、さすがに世の中の空気もだいぶ変わってきましたが。

髙見澤　問題ない法案を通すのに、国会対策が理由で3年待てと言われたこともありました。兼原さんの言う通り、確かに冷戦後は世の中の空気が変わってきましたが、一方で、安全保障に関しては冷戦期よりも議論の質が下がっている面もあるのではないか。

冷戦時代は左右で対立してはいましたが、議論している先生方のレベルは結構高くて、本格論戦もそれなりにあった。社会党の代議士だった大出俊さんぐらい勉強している野党の先生って、今はあんまりいないですよね。大出さんの米国の国防報告とか戦略文書についての勉強量ってすごかったでしょう。中路雅弘さんのように、共産党にも勉強している議員がいた。当時はアメリカのNSCのメモとか、そういうレベルのものをベースに議論していたような気がします。今は、そういう議論ってほとんどないでしょう。そこは不思議な感じがするんですよ。幅広い議論はできるようになったのに、議論の質は結構下がっている。

兼原　自民党なら椎名素夫先生とか、社会党なら大出俊先生とか、「立場は違ってもこの人たちの言うことは信用できる」という人がいなくなった感じがあります。

太田　そこのパブリックディベートの在り方といいますか、まっとうなプロコンの議論はやはり必要でしょう。今の議論も、青竜刀と果物ナイフの例を出すかどうかは別にして、射程の長いミサイルが必要になっているという現状認識が自衛隊や国防関係者に実在する事実には、政治家も国民も向き合わないといけない。そうしたリスク認識を国民にもしっかり説明してもらって、実際に自衛隊が青竜刀を保有した場合にどんなプラス効果とマイナスの帰結があるのかを公の場で論じるべきだと思います。その上で「これは９条の範囲内ですよ」という政府の説明に国民の大半が納得できるのかどうか。その理屈を可視化することで、いずれの結論になろうが、主権者である国民に腹落ちしてもらうプロセスが不可欠ではないかと思います。当然、賛否はあると思いますが。

第7章　核廃絶と不拡散

兼原　最後は核不拡散、核軍縮、核廃絶について話したいと思います。

核不拡散は核抑止と裏表の議論だと思うんですが、この二つをセットにして論じるという政治風土が日本にはほとんどありません。抑止は抑止、不拡散は不拡散、と世界が二つに分かれてしまっています。

そもそも、「核は使えない兵器である」という認識が確立されているのか。それとも「けっこう使える兵器である」というふうに逆流しつつあるのか。私は「使えない兵器」という認識は確立していて、抑止の為に「持っていることに意味がある」と考えていますが、ロシアの小型核の運用など、そうした認識に反する動きもあります。

核兵器を持っている国は、核兵器と関連システムの性能をどんどん良くしていっている。兵器は科学技術の粋を吸い取って進化します。その進化が止まることはない。それは人間の本能のなせる業であり、兵器の持つ本性だと思います。そうした中で、もし西側のほうがニュークリアゼロの議論に押されて一方的に軍縮してしまえば、核の世界では結局、独裁国家のほうが立派であるということになってしまいます。核軍縮は、核兵器国がみんなで話し合ってやらなければ意味がない。

しかし、軍縮は、国力が一定のレベルに達して成長の落ち着いた国か、あるいは凋落の始まった国がやるものです。世界で初めて軍縮を取り上げたのは１８９９年のハーグ平和会議ですが、開催を主張したロシアのニコライ２世は軍の金繰りに困っていたと言われています。逆に、上り調子の国は軍縮を嫌う。戦前のロンドンやワシントンでの海軍軍縮条約の時、成長途上にあった日本は、英米に国力不相応な海軍力を認めてもらったわけですが、帝国海軍艦隊派は日本海軍の成長を妨害するものだと激高した。成長途上の国は、国威発揚と国力増進に酔いますから、無理に軍縮を呑ませようとしても実現しないし、かえって反発を強めるだけです。戦前の日本と同じ感じになっているのが今の中国とインドで、軍備にシーリング（天井）を設定されるのをものすごく嫌がる。新興の核兵器国が国力を上げている途上では、核兵器国の核の垂直拡散は止まらないし、意味のあるマルチの核軍縮はできないんじゃないか、という気がします。

日本に「核廃絶型」の軍縮提案はできない

兼原　日本が特殊なのは、広島・長崎という悲劇の経験を持っていることです。日本が世界をリードして核廃絶の議論を進めるべきだというのは、日本国民のコンセンサスだと思いますが、一方で米国の核抑止力を使って、どう日本の安全を確保するかという議論は国民の前でなされていない。核廃絶と核抑止のバランスのいい議論をどう国民の前に提示するのか。これは私たちのような軍事・外交の専門家だけじゃなくて、政治家の方にも考えてもらわなくちゃいけないと思うんですよね。

ちょっと話が逸れますが、なぜ日本は核兵器禁止条約に加盟しないのか、という議論がありますよね。私は反対なのですが、なぜ反対かというと、政府がバランスの良い核の議論を国民の前で堂々とやっていないからです。国民の安全に責任を持つ政府が、核抑止の議論には蓋をしておきながら核廃絶のポーズだけを取るのは無責任であり、ポピュリスト的な偽善だと思うからです。

もう一つ、さきほど太田さんの仰っていた、日本から意味のある軍縮の提案ができないか、という問題。私はできるなら是非やったらいいと思いますが、今申し上げた理由で、単純な「核廃絶型」の提案はできないでしょう。核の廃絶という理想は理想として掲げたまま、核抑止の世界にも目配りして、実効性のある核軍縮案を提案しなければ、誰も聞いてくれませんから。核を持っていない日本は、アメリカの核抑止の議論に絡み、一定の発言権を確保し、同盟管理全体の中で核をどう位置づけるかという議論に入り込んでいかないと、そもそも核兵器国の議論に絡むこと自体が無理です。

それでも、例えば核の透明性ゼロの中国に、「責任ある核大国になりたいのなら、中国も核の透明性を高めろ」と唯一の被爆国である日本が言うのは意味があると思います。インドは核廃絶など理想的なことを言っておいて、「核廃絶ができないなら、それまでの間は核を持つ」というしたたかなロジックを使っています。そのくらいの図々しさはあっていい。例えば「米露間のＩＮＦ条約は廃棄されたが、米中露の3カ国でＩＮＦを規制する体制を新しく作ってくれ。それができないなら日本が米国の中距離核を導入しても文句を言うな」くらい、開き直っていいんだと思います。こういう力の論理に関する部分がないと、中国、北朝鮮、ロシアのような国は言うことを聞かない。

これまで核抑止の議論に首を突っ込んだ日本の総理は中曽根康弘総理だけでした。これは、前述した加藤良三、佐藤行雄、宮本雄二という後に大使になる3人の有能な外交官が課長として、たまたまいたという属人的な部分が大きく、外務省に組織としての蓄積はゼロです。なので、実際には道は遠そうですが。

高見澤　全く同じ考えですけど、一つ補足しておきます。日本政府が核兵器禁止条約に加盟しない理由をちゃんと説明していないという議論ですが、河野太郎外務大臣のときの外交青書の中でははっきりと「核兵器の使用をほのめかす相手に対する抑止ができなくなるから」と理由を説明しています。「安全保障の観点を踏まえず人道の観点から核抑止力を直ちに規制することは、国民の生命財産を危険に晒すことを容認する結果になってしまう。核兵器国や核の脅威に晒されている国はこの条約を支持しておらず、国際社会の分断を招く」と、割と率直に言っています。ただ、それを積極的に言うんじゃなくて、ホームページに載せている程度ですが。

安全保障の観点が抜けた核廃絶論議

高見澤　NPTは発効から25年後の1995年に無期限延長ということになりました。

この間、核兵器国をはじめ全般的に努力不足だった面は正直あるかと思いますが、かといって無期限延長しないとなったら、ＮＰＴ体制そのものが危機にさらされていたかもしれない。不満はあってもすべての加盟国がＮＰＴの義務や過去の会合で合意された内容をきちんと履行していくことがＮＰＴ体制の活性化につながると思います。

ＮＰＴでは５年ごとに運用検討会議を行ってきており（２０００年、05年、10年、15年。20年は新型コロナウイルスの影響もあって22年に延期）、２０１０年には64項目の行動計画が策定され、核軍縮の推進や透明性の確保など多くの点で合意が得られました。各国は行動計画に従ってその履行が求められ、実施状況を報告することとされており、これが検討の基礎となるべきものです。ところが問題は核兵器国からの報告が十分でないことに加え、非核兵器国からの報告もあまりなされていないことです。ちゃんと報告をしている国はわずかで、日本、カナダなど結構限られている。核兵器国に核軍縮を強く主張するためにも、やっぱり各国がＮＰＴの義務をきちっと履行していくということが非常に大事かなと感じています。

核兵器の問題については、西側諸国の世論が大事なので、さきほどからの議論の通り、なぜ抑止が必要か、抑止をきちっと機能させるためには何が必要かということをしっかりと伝えていかなければいけないと思います。中国やロシア、北朝鮮などそれぞれの国の戦力がどうなっているか、核のドクトリンをどこまで率直に言っているか、言行がどれだけ一致しているのかについては意外と知られていない。核兵器の使用について躊躇しないと言っているケースもあることについて率直に指摘していく必要があるんではないかな、というふうに思います。

ただ、核兵器をどんどん使うようになっていくかというと、私は多少疑問に思っています。核の近代化努力が続いているのは核のハードルを下げるためではなく、むしろ安定を保とうというお互いの気持ちもある。問題はそれをどうやって管理していくのかということなんだろうと思うんですね。

私も軍縮会議代表部大使として広島や長崎には何回も行きました。今でも広島・長崎の関係者といろいろ議論しているんですけれども、核廃絶という目標は正しい。国家安全保障戦略においても、「我が国は、世界で唯一の戦争被爆国として、核兵器使用の悲惨さを最も良く知る国であり、『核兵器のない世界』を目指すことは我が国の責務である」とその趣旨が明記されています。

しかし、核廃絶の目的は何かというと、日本や世界が安全になるということです。だから、安全保障の部分がどうしても欠かせない。対人地雷とクラスター爆弾は禁止条約が出来たのになぜ核兵器禁止条約はだめなのかとよく言われますが、日本が二つの条約に署名・批准したときには代替手段をちゃんと考えて、トータルとして安全保障がしっかり保たれるようにしました。でも、核廃絶の話をするとき、アメリカに依存している核抑止力の効果をどうやって穴埋めするのかという議論はしていないわけですよね。安保の議論と代替の議論が欠けているところが、非常に問題だと思います。

最近、核兵器禁止条約が発効した時（21年1月22日）の朝日新聞の社説を読み返したんですけれども、非常に議論が粗かった。例えば「核の脅威を国家が振りかざす愚かな時代を終わらせる」と書かれていますが、「誰が振りかざしているのか」はあまり言っていないわけです。それから、「廃絶元年」ともいうんだけど、廃絶については日本政府は前から言ってきたわけで、大事なのはそれをどう進めるかなのに「条約ができたら廃絶元年」というのも短絡的です。安全保障の観点もゴソッと欠落している。

それから、2017年7月に国連で採択して各国で批准されていき、2020年10月に条約発効に必要な批准国・地域が50に達し、その90日後、採択から3年半後のこの日が出発だと言うんだけれど、発効して9カ月経った時点で加盟国が5、6カ国しか増えていない（発効後1年間に加盟した国は8カ国。現在の条約加盟国・地域59のうち国連加盟国は55）。このテンポの遅さはどうしてなのか。ＡＳＥＡＮではカンボジア、ラオス、マレーシア、フィリピン、タイ、ベトナムと批准している国は結構多いんですが、署名している国でも批准にどんどん進むという感じにはなっていない。いずれにしても、透明性の向上やリスク削減と並んで核の役割低減の議論は核兵器禁止条約以前からあったし、核軍縮も進めてきていた。そういう経緯を踏まえた議論をもっとやっていかないといけない。

抑止力の向上は、不拡散の議論と同時に進めよ

高見澤　一方で抑止力は高める必要があります。この抑止力というコンセプトそのものが悪いという人がいて、そうなると議論しようがありませんが、私は核抑止だけじゃなくて、全般的な抑止なり安定を高めるための政策はいろいろ考えられるのではないのかなという感じがします。

ＮＰＴの無期限延長が成立した１９９５年に設置された「核兵器廃絶に関するキャンベラ委員会」（オーストラリア政府主催の賢人会議。マクナマラ元米国防長官、日本の今井隆吉元軍

縮大使など12ヵ国17人が参加）が96年8月に報告書を出しました（オーストラリア政府から96年の国連総会に報告）。この報告書は、「好機をとらえる」「核の脅威と危険を見極める」「対応策を策定する」「政策から行動へ：包括的行動計画」という4部構成になっています。このうち対応策としては、核兵器の廃絶や軍縮だけではなく、核不拡散、核実験の禁止、核分裂性物質の利用の制限、原子力の責任ある管理などが含まれています。また、包括的行動計画としては、当面のパッケージ、短期、中期、長期にわかれており、最後は政治的意思を動員し持続させることが強調されています。

こうしたアプローチは今後の我が国の対応を考える上でも一つの参考となると思いますが、そのときと比べると、核兵器をめぐる状況は非常に悪化している。この報告書が出された2年後の98年にインドとパキスタンが、２００６年には北朝鮮が核実験を行うなど、核拡散は一層進んだわけです。また国連のグテーレス事務総長は、２０１８年にジュネーブで行った演説で軍縮アジェンダを発表し、その中で憂慮すべき状況を列挙し、国際的な緊張の高まっている今こそ軍縮が必要だと訴えました。

こうした流れの中で日本は、岸田外務大臣（当時）が、２０２０年ＮＰＴ運用検討会議（コロナ禍で4回延期され22年8月に行われる予定）の第１回準備委員会（17年5月、ウィーン）において「核軍縮の実質的な進展のための賢人会議」の立ち上げを表明しました。この賢人会議は、19年11月に白石隆座長が議論をまとめた要約を出しましたが、その中で、核軍縮をめぐる議論が分断され、困難に直面していることを率直に指摘しています。長くなりますが報告をそのまま引用しますと、「多様な見解を有する国家及び市民社会グループに分断の中心にある根本的な課題や問題に直接的に取り組むことを求めるようなアジェンダの策定を検討すべきである」「核保有国と非核兵器国の双方が関与する対話を促進するための橋渡しのアジェンダを成功させるためには、（1）現在の安全保障環境における脅威とリスクの低減、並びに緊張の緩和に効果的に貢献しなければならない。（2）核保有国、拡大核抑止の同盟関係にある国、TPNW（核兵器禁止条約）の支持国といった、あらゆる種類の国の間の信頼と信用を改善させなければならない。（3）核軍縮のプロセスで生じる可能性のある安全保障上の懸念に対処しなければならない」と述べています。この認識は私もまったくそのとおりだと思いますし、そこで提起されているアジェンダについても真剣に検討していく必要があります（アジェンダは以下のとおり。①存立を脅かされている国家による核兵器の使用は違法か否か。②核兵器の唯一の役割は他の核兵器の抑止であるべきか。③核兵器の威嚇及び使用が正当であると考え得る脅威が存在する場合、核兵器の使用が国際人道法に適合する可能性はあるか。④核抑止に伴うリスクの特定、低減のためいかなる措置が可能か。⑤核保有国によるいかなる透明性措置が、核軍縮のための信頼醸成につながる安全保障環境の改善に貢献し得るか。⑥核軍縮の進展を確保するための効果的なベンチマークはあるか。⑦各国が軍縮の重要なベンチマークとして「最小化地点」について合意できるとすれば、何が必要な要素となるべきか。⑧非核戦力はどの程度核抑止の代替となり得るか。⑨ＮＰＴ外の核保有国をいかに関与させ得るか。⑩核兵器の廃絶後に国際社会の平和と安定をいかに維持し得るか。⑪監視・検証により義務の遵守を確保し、必要に応じ強制し得るか）。

核兵器禁止条約は、草案が提示されてから、わずか3カ月でできました。3カ月という短い期間でしたが、その間に集中的に交渉して、各国政府だけでなく、学者やＮＧＯも含めて多様な意見をできるだけ取り入れるというアプローチをとった結果、様々な要素が取り込まれる一方、これまでの条約との整合性に欠けるのではないかという指摘もある。私は、条約そのものの文面にこだわって、一々ここが完全ではないと言い続けるのがいいとは思わない。条約が目指していたものが何かという点については、注目すべき内容もあるわけです。広島・長崎に限らず被爆者支援の話などもありますから、条約の不備をあげつらうのではなく、個別の政策として、必要な対策を進めていくということにフォーカスしてイニシアチブをとるべきかなと思います。その中でも私は、やっぱりリスクリダクションとドクトリンに関する透明性について、各国首脳レベルの間で議論してもらうことが重要かと思います。

軍縮の動きをどう作りだしていくかということについては、こちらが動かないといけない。こちら側の強いイニシアチブがなければ、相手にとってのインセンティブにはならない。要は我々としてトータルな抑止力向上のためにこういう措置が必要だということをまずきっちり考え抜き、発信し、相手もそれに注目せざるを得ないという状況を作る。それからじゃないかと思います（注：「核軍縮の実質的な進展のための賢人会議」のフォローアップのため、2021年12月までに「核軍縮の実質的な進展のための1・5トラック会合」が3回開催されたが、岸田総理は22年1月の施政方針演説において、外相時代に設置した「賢人会議」の議論を更に発展させるため、各国の現・元政治リーダーの関与も得ながら、「核兵器のない世界に向けた国際賢人会議」を立ち上げ、22年中を目標に、第1回会合を広島で開催するとの考えを表明した）。

NATOの二重決定という先例

番匠　世界で唯一の被爆国として、日本が世界に何を発信していくのかというのは、日本の安保政策としてとても大事な要素だと思います。そのことは決して忘れてはならないと思います。

しかし、日本は世界に単独で生きているわけではない。国際関係には、常に相手がいます。今日議論してきたように、日本は世界の中で最も核の脅威に晒されている国になってしまった。核兵器を日本に向けていることを明言している北朝鮮のような国がある現実の中で、この直接的な脅威にどうやって立ち向かっていくのか。核の脅威にどのように取り組むかという意味での抑止力は、非常に大事なことだと思うんです。

アメリカとロシアは冷戦時代からずっと、軍備管理も含めて、現実的でかなり洗練された議論をしてきたと思います。ところが、日本の周辺にある中国と北朝鮮は、軍備管理の交渉にも軍縮の交渉にも全く応じない。そういうことを考えると、やはりまずは日本として核抑止の体制をしっかり考えていくのが先にあるだろうと思います。

軍縮ができれば世界は平和になるか、日本は平和になるか。決してそう簡単なものではなくて、理想だけが先行した一方的な軍縮論だけでは、むしろ逆に不安定になっていくのではないかと思います。核兵器がなくなればこの世は平和になるという単純な世界ではないということを念頭に置いた上で、軍備管理・軍縮というものをしっかりと理解する。同時に核抑止というものをどのように担保して安全を守るかも考える。髙見澤さんが仰ったことに全く同感です。

一つの例になるのが、冷戦時代のNATOの二重決定ではないかと思います。ワルシャワ条約機構軍との軍縮交渉を進める一方で、ソ連のSS-20中距離ミサイルに対抗するためにNATOは中距離ミサイルの配備も決めた。これは軍備管理と抑止を組み合わせる戦略がうまく奏功した例かもしれません。それのアナロジーで考えれば、軍事の専門家は軍縮のことも念頭に置きながら考える必要があるし、軍備管理や軍縮の専門家は核戦略や抑止力のこともふまえて考える必要がある。お互いがお互いを理解し、知恵を出していくことが必要ではないかな、という気がします。

兼原さんが最近参加された「核拡散防止と核の保障」のタスクフォースも、まさに軍備管理・軍縮と核戦略をよく知った人たちが発信されていますよね。両方の議論を結集させる時期が日本にも来ているんじゃないかな、という気がします。

兼原　今日の議論は、その第一歩ですからね。

核兵器禁止条約の成立は、核兵器国の怠慢の結果

太田　今日の議論が第一歩というのは、仰る通りだと思います。冷戦が終わって30年も経つのに、抑止派と軍備管理・軍縮派の嚙み合わない議論が今も続いている状況は、早く終わらせないといけない。もっと真剣にプロコンの議論をやって、それぞれの視座から問題点を提起し合い、その上でどんなオプションがあるのか、またいかなる「解」が日本とこの地域の平和と安定、そして世界の恒久平和に寄与するのかという公論を惹起しなくてはならないと思います。

さきほどの髙見澤さんのお話、私も深く理解でき賛同する部分がございます。抑止力は間違いなく必要であり、その構成要素をどうしていくのかを考えていかなければならない。ただ、その抑止の総和を構成する要素として、核兵器のセイリエンス（顕現性）を上げていくことが本当に日本の安全保障に資するのかといったら、私はむしろ逆の立場なのですね。

日本がアメリカと二重鍵方式で核シェアリングを進めることは、日米同盟における核のセイリエンスを間違いなく高めます。そしてそれに伴う負の連鎖も起こり得る。中国

は冷戦期からポスト冷戦の時代において、核政策については米露と比べ自己抑制的な態度を取ってきたのは歴史的事実だと思います。しかし残念なことに近年、そうした中国の態度が変容の兆しを見せ始めている。一方、中国が今後、一気に「ロシア化」して核の戦域使用をも選択肢に掲げ、非核の戦略攻撃に対しても核兵器を先に使用するドクトリンを採用していくのか否か。この点はまだ不明な点が多くあり、中国首脳部の真意を探ってみる必要はあると思う。そして外交を通じ、中国の核の透明性を高める努力をバイやマルチの場で倍加していく必要は当然あるし、その余地はまだ十分に残されているのではないかと考えます。いわば現在は不透明な過渡期の状態にあるとも呼べ、にもかかわらず日米が核シェアリングに舵を一目散に切ってしまうことは、そうした軍備管理に向けた萌芽、小さいかもしれないがチャンスの芽を摘むことになってしまわないか。私はどうしても核シェアリングが招来する否定的側面、東アジアが核軍拡のスパイラルに陥ってしまう懸念が拭えません。

それよりも、米中露が一緒になって核兵器の役割を低減する方向へと歩を進める道筋を構想すべきではないか。互いの核関連のC5ISRシステムに対するサイバー攻撃を禁止する行動規範の策定などを手始めに、核の役割低減へ向けた信頼醸成措置の構築を一歩一歩、進めていくことができないか。そんな戦略環境を創出するには、核の傘の下にいる日本はどう自ら主体的かつ能動的に外交を展開すべきか……私は、2021年現在においてまだ、そうした外交戦略を模索できる機会の窓が開いていると信じています。

あと日本もミサイル防衛（MD）システムに参画しており、それは日米同盟の重要なアセット（資産）でもある。そして、もし本当に中国が自らの透明性を高めて核軍縮に向けた米露の協議に加わる意思を示すなら、日本やハワイ、アラスカにあるMD関連施設と中国の核施設への相互訪問、そして相互査察というアイデアを検討してみてもいいと思うのです。それは、中国にとっては安心供与の材料になるかもしれないし、私たちにとっても中国の核の内情を知る重要なプロセスになる。攻撃兵器、防衛兵器すべてを交渉の俎上に載せて、ぶっちゃけた議論をやってみることに戦略的な値打ちはあると愚考します。

それから、核兵器禁止条約（TPNW）の採択ですが、ハッキリ言えば核兵器国の怠惰の結末ですよ。1995年の再検討会議でNPTは無期限延長されましたが、その時、核兵器国であるP5は、NSA（消極的安全保障：核兵器国が非核兵器国に核を使用したり、核で威嚇したりしないことを保証すること）の法制化を視野に検討を進めることで同意したはずです。しかし、その後、ＮＳＡの議論は全く進んでいない。むしろ、威嚇効果の増大を目指した核戦力の近代化や核能力の質的向上に競争の拍車をかけているのが、悲しいかな、そして愚かしいことに、現下の状況です。

もう一つ、非核兵器国が不平等条約であるＮＰＴの無期限延長を認める代わりに採択された「中東決議」もないがしろにされたままです。これはイスラエルにＮＰＴ加盟を促すための措置で、周辺のアラブ諸国の意向を汲んだものですが、アメリカは事実上、イスラエルの核保有を黙認したままで、事態を何ら進展させられなかった。非核兵器国が核兵器禁止条約交渉を開始し、国連で採択せざるを得ない状況を作ったのは、実はＮ５（核兵器国であるＰ５）ではなかったか。私たちは核抑止を議論する際、こうした過去の経緯があることも決して忘れてはいけないと思います。だから、核兵器禁止条約を頭から否定するのではなくて、核を巡る歴史の積み重ねに対する理解を真摯に深め、条約の底流にある理念は強く尊重する意思を明確に示すべきだと思います。

「核のタブー」を守る責任

太田　最後に、これはいささか観念的な話ですけれども、亡くなられる前に二度、ご自宅でインタビューさせていただいた米戦略家の故トマス・シェリング博士のメッセージを紹介させていただきたいと思います。シェリング博士は2005年にノーベル経済学賞を受賞しますが、受賞演説のメインテーマは経済問題ではなく「核のタブー（nuclear taboo）」でした。核兵器は使えない、長崎への原爆投下以降ずっとそうだったし、これからも使えないという禁忌を未来永劫、堅持していかなくてはならない、と。

シェリング博士はこんな話を私にしてくれました。朝鮮戦争の開戦後、トルーマンが核兵器使用を検討し始めたら、イギリスのアトリー首相が慌ててワシントンに飛んで行って、アジア人に二度と核を使うな、えらいことになるぞと釘を刺した。これは、「核のタブー」の胎動でした。その後、アイゼンハワー政権下での台湾海峡危機の際にも、核使用の議論が沸き起こりますが、結局、中国側の譲歩もあり、核攻撃に至らなかった。これは、何とかタブーを保持する出来事でした。

そして、1960年代に入り、アメリカが泥沼にはまったベトナム戦争でもこのタブーは守られた。シェリングさんの言葉を借りると、「恐らくキッシンジャー氏以外の全ての戦略家は、核を使える兵器として扱うことに反対した。ジョンソン大統領は『核使用は最上位の政治的決定だ』と発言しており、『核のタブー』を深く実感していた」。また91年の湾岸戦争の現地の米空軍司令官を取材したことがあるのですが、当時イラクの機甲師団に対する核オプションが検討されたものの、この時もパンドラの箱を開けることへの恐怖心、核使用に対する畏怖の念が作用し、使用を真剣に検討するまでには至らなかった。「核のタブー」はこうして生きながらえ、徐々に強靱化していったのです。

シェリング博士は、長崎以降のタブーを堅持し、これを強化していく「特別の責務」が被爆国の市民、日本人にあると断言されていました。2006年の北朝鮮による最初の核実験から間もなく、メリーランド州にある博士の邸宅でインタビューした際も、今こそ日本が先頭に立って「核のタブー」を強化すべきだ、ましてや日本が核武装なんかしてはいけない、と仰っていました。あのような「絶対悪の兵器」を二度と生身の人間に使ってはならない、日本の被爆体験こそが「核のタブー」の源流であり、核問題について日本にはモラルオーソリティ（道徳的権威）があります。人類史に対して日本全体が負っている、そんな歴史的宿命を私たちは決して忘れてはならないと思うのです。

そうした意味で、核兵器禁止条約をたちまち否定することは、日本の道徳的権威を毀損するだけでなく、日本の安全保障をも損ねるのではないか。すぐに条約に入れなくとも、その可能性を排除する必要など毛頭ない。この条約の本旨は「核のタブー」の永続化につながり、核のボタンに手を掛ける者をも抑止する効果がある。なぜなら、核を使うことで76年以上続いた「核のタブー」を破る蛮行を正当化することは、いかなる理由を並べ立てても恐らく不可能だからです。ましてや、これだけ通常戦力が正確性と破壊力を極めた現代において、実際に核を先行使用するシナリオにどれだけ現実味があるのでしょうか。核兵器禁止条約の発効は「核のタブー」を固定化する地道で着実な営為であり、条約を否定することはタブーの弱体化に繋がる、そして人類全体が核リスクに対してより脆弱になるという帰結を念頭に置くべきだと思います。

自己都合でしか動かないP５の動向を理解せよ

髙見澤　今の太田さんの話で思い出しましたが、ＮＡＴＯとＴＰＮＷの関係については、ＮＡＴＯの声明もあり、ＴＰＮＷを主導したＩＣＡＮ（核兵器廃絶国際キャンペーン）からもペーパーが出されました。この関連では、イギリスのチャタムハウス（王立国際問題研究所）の研究者から「ＮＡＴＯとＴＰＮＷ」という論文が出されており、「ＴＰＮＷへの反対に強い焦点を当て続けることは、NATOの長期的な核軍縮コミットメントを曖昧にし、NATOとTPNWの支持者が核軍縮という共通の目標に向けて協働する可能性を損なうものである」と言っています。

兼原　核廃絶と核抑止と核不拡散は、同じ一つの土俵に載せて議論しないと駄目だと思いますよ。核廃絶は正しいけれども今この瞬間にできるはずがない。残酷な真実を言えば、P5は自分たちの核兵器の縮小（垂直拡散防止）を全く考慮していないし、逆に中国のように国力が上がる国は、核弾頭を増やしていくに決まっている。アメリカとロシアの間では冷戦期、ソ連の凋落を前提に核軍縮・軍備管理の議論が進みましたが、ロシアは戦術核兵器の使用を割と安易に考えているし、中国の核能力も上がってくるのなら、アメリカも対抗せざるを得ない。それを見たP5ならざる国々が怒るのは当たり前です。でも、核軍縮は正しいからやろうというのは、残念ながら核を持っていない人だけが言う話であって、核を持っている連中は全く違うことを考えている。

アトリー首相がアメリカに朝鮮半島で核を使うなと言った話ですが、これは岩間陽子先生の受け売りですけど、イギリスは核戦争がヨーロッパに波及するのが怖かった。朝鮮戦争にソ連が入ってきたら、ソ連に対して核を使う形になるわけですから。そうすると、ソ連はヨーロッパにも出てくるんじゃないか、と。みんな自分のことしか考えていないわけです、国際社会では。だから、生殺与奪の権を他人に与えてはいけない。みんな自国の安全保障を第一に考えて動いている。このダイナミズムの中で、「それでもやっぱり核がない方がいいよね」という方向に持っていかなくちゃいけない。理想を説教するだけでは駄目なんですよ。

太田　その点は、仰る通りです。

兼原　国際関係は半分以上、権力政治です。力関係で動いています。核不拡散と裏腹になっている核抑止の議論をちゃんと組み立てていかないと、誰にも日本の話を真面目に聞いて貰えない。私たちが世界の核の議論の奥の院に入り込めないのは、そこの議論をしないからなんです。

私も国連代表部に勤務しましたけど、核の話になると突然、安保理の審議が止まるんです。「ジュネーブで今、P5様が話してるから、結論を待っていろ」と言われる。P5がまとまったら安保理に結論が下りてきて、それで終わり。これが核の世界です。私たちの核廃絶の旗を下ろす必要は全くないんですが、力関係、損得勘定で動くP5の外交も分かった上で絡んでいかないといけない。

太田　その冷徹さは私にも理解できます。

兼原　だからこそ、私たちも「核兵器国同士の中で、核抑止の議論がどう変わっているのか」を追いかけていかないといけません。ＮＡＴＯも初期には一気に大量殺戮を実現する大量報復戦略から入ったわけでしょう。核兵器を単純に「使える大きな爆弾」と思っていた。アイゼンハワーは、そのつもりでヨーロッパに大量に戦術核を持ち込んだ。それが「簡単には使えない兵器かも知れない」ということになって、柔軟反応戦略に移って行って、大都市での大量殺戮を狙うカウンターバリュー戦略から敵基地をピンポイントで狙うカウンターフォース戦術に移って行って、いずれにせよ核戦争はできないのだから相互抑止を機能させようという話になって、透明性確保のための相互検証という話になって、それができるのなら無駄に核兵器を増やすのはやめようという話になって、ＳＴＡＲＴのような軍備管理に行く。やはり人類の常識に沿って核の話も変わっていくので、私たちもこういう変遷をきちんと見ながら議論していかないといけません。

でも、核兵器は使わない方へ使わない方へと動いてるんです、間違いなく。

太田　私もそう信じたいです。

兼原　使えないようにするためには、核軍縮という狭い土俵に閉じ籠っていないで、通常兵器と組み合わせて、同盟管理の文脈とか将来を見据えた敵陣営との軍事バランスとか、安全保障政策全体を考えて議論した上で、敵も味方も共通の利益は軍備管理・軍縮でしょう、という議論をしないと駄目ですよね。

これから20年後くらいかも知れませんが、その方向に持っていけると思います。中国もどこかでピークアウトするから、冷戦中期以降のソ連同様、核が重荷になってくるはずなんです。そのときには、米中間で真剣な核対話や軍備管理・軍縮の仕組みが出来ると思います。アメリカを相手にして、相互検証とか、いま米露間の核軍備管理・軍縮でやっていることを全部やらされたら、中国も結構大変でしょうね。でも、それは核大国の責任です。そこまで行ければ、「これ以上核兵器を増やしても、いいことはない」という議論になり、核の垂直拡散も収まっていくと思います。抜き身の核兵器をお互いの首筋に当てた冷たい平和が実現します。

核の使用を想定していた自衛隊の部隊編制

番匠　核をめぐる盲点というか、日本で抜けている部分は、民間防衛や国民保護などのレジリエンシーの部分だと感じています。

核シェルターの整備状況で言えば、スイス、イスラエルは100%。アメリカでも8割ぐらい、ヨーロッパも大体7~8割あるけれど、日本は0・02%です（「日本核シェルター協会」の2014年発表による）。要するに、シェルターはほとんどない。それに国民も大して不安も覚えない。最近、北朝鮮のミサイル発射の回数が増えて日本列島を飛び越えるような事態も生起しています。しかしながら、ミサイルが落ちてきたときはどうするかという話は出ていますが、核攻撃になったら家の陰に隠れてもしょうがない。「核兵器による脅威に対する国民保護をどうするか」というテーマは、ほとんど考えられてこなかった。

そういう意味で言えば、自衛隊というのは日本の中で極めて例外的に、核戦争におけるレジリエンシーのことを常に考えてきた組織だと思います。それはなぜかというと、自衛隊ができたときは冷戦のど真ん中、かつ相手がソ連軍でしたから、「火力の一環として戦術核を使う」という想定の下にいろいろ考えなければならなかったからです。

実は、自衛隊の部隊の編制も核を想定しています。「ペントミック師団」というのですが、これは欧州駐留の米軍が初期に採用していた部隊編制で、要するに「戦術核の攻撃がありうるから部隊は分散して、どこかが被害を受けても戦闘継続能力を失わないようにしよう」という考え方に基づいています。

兼原　それで日本の陸上自衛隊は小さな部隊に分かれているんですね。

番匠　そうです。普通だったら、師団があり、旅団があり、連隊があり、大隊がありという形なのですけど、ペントミックの場合、師団の下にいきなり連隊を置いて、連隊の下に直接中隊を置くという形になっています。

それから、いわゆるCBRN（化学・生物・放射能・核兵器）対応の部隊です。化学防護部隊、特殊武器防護部隊。これも自衛隊創設当初からあるわけです。こうした特殊兵器に対してどうプロテクションするかという研究は、ずっと進めてきました。だから地下鉄サリン事件が起こっても対応できたし、東海村の臨界事故のときにも自衛隊が出た。東日本大震災の時にも福島第一原発の事故に中央特殊武器防護隊が出て行きました。ダイヤモンド・プリンセス号のケースとか、今回のコロナ禍対応全般でも、生物兵器攻撃への対処を平素から研究・訓練している部隊が力を発揮するわけです。

自分たちは持っていなくても、相手が核兵器を持っている以上「核攻撃からどうやって守るか」という観点での研究と訓練は非常に重要なんです。それを軍事組織である自衛隊の一部だけではなくて、民間防衛という観点から国民のコンセンサスとして共有していくことも、どこかで忘れないようにしておく必要があるのではないかなと思います。

兼原　番匠さんのご指摘は、核の話だけじゃなくて、安全保障全般にいえることですよね。国会の議論でやっているのは細かい法律論ばかりで、シビアな軍事の話は皆無です。でも、実際にやらなくちゃいけないことはあるので部隊は動くし、米軍も横にいる。国会で議論しようがしまいが関係なく、軍の実務は動いていた。でも、それは自衛隊の中だけの話で、経済官庁が中心のシビリアン系の官庁は全く蚊帳の外です。国民保護を筆頭の課題として、空域や空港、港湾、電波の使用などは、全然調整がついていません。

一番大きな問題だと思うのは、安全保障に関する政府の議論から、国民保護の話が大きく抜けていることです。新型コロナの第5波の最中には、世界で最も病床数の多いこの東京で「ベッドが足りない」と言ってたわけでしょう。もし爆弾が落ちて一度に5000人死ぬようなことが起きても、負傷者を病院に入れることすらできない。いわゆる本当の戦時における国全体の体制をどうするのかという議論ができていないんです。

戦後の私たちの安全保障論議は、冷戦中の体制選択の論議と裏腹で、日米安保賛成／反対、自衛隊合憲／違憲という入り口で止まっていた。後は戦略的には全く意味不明な微細な法律論ばかり。「国民の命を守る」なんて一度も議論に出てこない。

番匠　日本は災害大国と言われますけど、最大の災害は戦争、それも核戦争ですから。

兼原　日本人は運命論者で、地震、台風などの中規模以上の災害は、すぐに天命だと思ってしまうんですよね。政府要人でさえすぐに「想定外」だと言ってしまう。自分の命は自分で守る。そういう風に日本の安保議論も変えていかないといけない。そのためには国民世論の啓発と政治家の資質の向上は絶対に必要だと思います。

太田昌克　1968年生まれ。共同通信編集委員。
兼原信克　1959年生まれ。元国家安全保障局次長。
高見澤將林　1955年生まれ。元軍縮会議日本政府代表部大使。
番匠幸一郎　1958年生まれ。元陸上自衛隊西部方面総監。

Ⓢ新潮新書

945

核兵器《かくへいき》について、本音《ほんね》で話《はな》そう

著　者　太田昌克《おおたまさかつ》　兼原信克《かねはらのぶかつ》　高見澤將林《たかみざわのぶしげ》　番匠幸一郎《ばんしょうこういちろう》

2022年 3月20日　発行

発行者　佐藤隆信

発行所　株式会社新潮社

〒162-8711　東京都新宿区矢来町71番地
編集部 (03)3266-5430　読者係 (03)3266-5111
https://www.shinchosha.co.jp

装幀　新潮社装幀室
組版　新潮社デジタル編集支援室

地図・図版製作　株式会社アトリエ・プラン

印刷所　株式会社光邦

製本所　加藤製本株式会社

ISBN978-4-10-610945-4 C0231